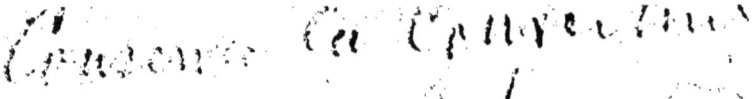

U. N. BADAUD

COUP D'OEIL

SUR

LA MAGIE

AU

XIXᵉ SIÈCLE

Cet Ouvrage résume les célèbres expériences spirites de Crookes en 1874. Il étudie plusieurs phénomènes extraordinaires survenus à des personnes de bonne foi, au docteur Gibier, au curé d'Ars, au comte de Laborde.

LIBRAIRIE DENTU
3, PLACE DE VALOIS, PALAIS ROYAL
PARIS

1891

LA MAGIE

AU

XIXᵉ SIÈCLE

IL A ÉTÉ IMPRIMÉ SEULEMENT
CENT EXEMPLAIRES DE CET OUVRAGE.

PRIX : 5 FRANCS.

U. N. BADAUD = Capitaine Paul MARIN

COUP D'OEIL
SUR
LA MAGIE
AU
XIXᴱ SIÈCLE

Cet Ouvrage résume les célèbres expériences spirites de Crookes en 1874. Il étudie plusieurs phénomènes extraordinaires survenus à des personnes de bonne foi, au docteur Gibier, au curé d'Ars, au comte de Laborde.

LIBRAIRIE DENTU
3, PLACE DE VALOIS, PALAIS ROYAL
PARIS
—
1891

A Monsieur Anatole France,

Mon cher Ami,

Le titre de ce livre est pour dérider plus d'un esprit fort. Aussi, ai-je quelque inquiétude en publiant ces pages, qui entrent dans le vif de ce sujet scabreux de la Magie et des magiciens.

C'est à cause de vous que ce livre a été imprimé : tout au moins, c'est à votre occasion. Vous souvenez-vous d'une conversation sur Crookes ? C'était l'été dernier, dans votre bibliothèque de la rue Chalgrin, un soir après dîner ? Vous aviez exprimé votre opinion sur le style du savant professeur. Cette opinion lui était défavorable. De là à conjecturer que l'illustre physicien avait été dupé par la jeune fille qui servait d'instrument aux apparitions de Katie, la pente était naturelle.

Que penserez-vous de l'exposition des expériences de Crookes tentée dans ce livre ? Je souhaite que vous voyiez plus clair après qu'avant. Je n'ose trop y compter : car la première impression est difficile à effacer. Quoi qu'il en soit, ceci est un livre de bonne foi. J'ai copié fidèlement les procès-verbaux des séances consacrées par un illustre physicien aux phénomènes spirites. J'ai manifesté nettement mon avis sur l'autorité de l'expérimentateur, parce que sur ce point, je n'ai pas ombre d'un doute.

Que Crookes ait pu se tromper ! Que Crookes ait pu être trompé ! Je n'ai pas la prétention de dire *Non*. Ce que j'affirme, c'est que cela est très peu probable. Il n'est pas de document scientifique contemporain qui me paraisse mieux établi que le procès-verbal des essais de Crookes sur le spiritisme. Du moins, tel est mon humble sentiment. Je

l'ai exprimé avec simplicité, en laissant,
autant que possible, parler les faits eux-
mêmes.

J'ai songé au *Testis unus, testis
nullus*, qui sert de refuge aux négateurs,
quand il s'agit de pareilles expériences.
J'aurais pu opposer aux négateurs le nom
éclatant de gloire scientifique de Richard
Wallace, qui assistait, témoin impassible, aux expériences de Crookes, et qui
confirmait de ses yeux et de ses oreilles
ce que voyaient les yeux de Crookes, ce
que les oreilles de Crookes entendaient !

Je n'ai pas usé de cet argument. J'ai
considéré comme un témoin unique l'auditoire de Crookes dans les fameux essais
spirites. J'ai appelé à la barre de mon
livre deux autres témoins. Le premier est
un simple habitant de la campagne,
n'ayant rien de la science ni de la notoriété de Crookes ! Ce témoin modeste n'a
d'autre autorité scientifique que son bon
sens et sa droiture : il terminait ses jours à
l'époque où vous vous efforciez de cueillir

les branches de laurier qui fleurissent dans la vieille Sorbonne pour les rhétoriciens et pour les philosophes sachant éviter les solécismes dans les discours qu'ils prêtent aux Régulus et aux Scipion.

Vous êtes trop jeune pour avoir connu ce premier témoin. A cet égard, le curé d'Ars ne peut être comparé à Crookes. Ce dernier a sur lui l'avantage de pouvoir être consulté. Médiocre avantage, à en juger par les goûts de l'époque actuelle ! Parmi nos contemporains, qui songe à profiter de la verte vieillesse de Crookes pour l'interroger sur ses expériences ? Pas quatre, que je sache ! Tant il est vrai que pour bien apprécier le prix des choses il faut en être privé pour jamais !

Je n'insiste pas sur l'autorité du curé d'Ars touchant les faits que ses biographes ont publiés. Cette autorité est purement morale. Elle ne s'appuie pas sur les diplômes, sur les titres conférés par les Universités ou par les Académies, sur les médailles célébrant sur l'or et sur l'argent le mérite de la personne. Néanmoins, cette autorité est de premier ordre. Du moins, tel est mon avis.

Que penser du second témoin que j'appelle après le curé d'Ars ? Celui-ci, je serais surpris que vous ne l'ayez pas connu. Le comte de Laborde était un aimable académicien, un causeur charmant, un érudit estimé à l'époque où vous entriez dans la vie littéraire en rimant de jeunes sonnets. Saviez-vous alors que le spirituel vieillard avait qualité de témoin dans une cause aussi bizarre que le procès de la Magie ? Cela est peu probable. Refuserez-vous au comte de Laborde plusieurs des qualités d'un bon témoin ? Non ! Si vous étiez plus sévère... *quis sustineret!* comme chantait le bon roi David. Ce serait à désespérer les historiens et les naturalistes !

Pourquoi insister davantage sur ces deux petits témoins, **testes minores**, placés, dans mon livre, auprès du grand témoin, auprès de Crookes, notre contemporain et notre maître en sciences ? Pourquoi parler de Papus ? Pourquoi parler des aimants de La Charité placés encore plus près de nos yeux que le laboratoire du grand savant anglais ? Cela vous est familier. En vous expliquant ce que contiennent ces curieuses expériences, je ferais la leçon à plus instruit que moi.

Vous prendrez de ce livre ce qui vous plaira, vous laisserez le reste. Vous glisserez sur les essais des docteurs Ochorowicz et Gibier, si vous jugez ces savants trop jeunes ou trop téméraires pour entrer en balance avec les graves et sérieux détenteurs des doctrines officielles sur l'hypnotisme et sur les hallucinations. Dans le monde savant, qui peut revendiquer les titres extraordinaires de Crookes à être entendu, à être cru ? Certes, aucun des médecins français, même parmi les plus éminents ! *A fortiori*, ni le docteur Ochorowicz, ni le docteur Gibier, ne sauraient jouir actuellement du renom accumulé lentement par trente années de travaux. Si dans vingt ans ces jeunes gens ont parcouru les étapes qui ont valu aux académiciens d'aujourd'hui la notoriété et la popularité, ce sera différent.

Cela n'est pas d'un intérêt très vif. Pierre a-t-il raison contre Paul quand il rattache certains phénomènes bizarres à une nouvelle cause plutôt qu'à une ancienne hypothèse ? Cela importe peu. L'homme a usé des milliers de causes et des millions d'hypothèses, depuis que les philosophes se sont essayés à réduire en formules plus ou moins gracieuses les faits livrés aux yeux et aux oreilles des faibles mortels. De ces causes et de ces hypothèses, le *Multa renascentur quæ jam cecidere* restera actuel tant qu'il surgira des savants et tant qu'il naîtra des ignorants. Les systèmes des philosophes valent ce que vaut l'esprit de leurs auteurs. L'homme se soucie plus de l'apparence que du sens des formules.

Le génie du philosophe impose sa doctrine.

Combien a-t-il vécu au XIXe siècle de philosophes de génie? Demandez en Angleterre ce que l'on pense de Darwin! allez voir en Allemagne ce que l'on écrit sur Hégel! Chaque époque pèse ses grands hommes avec les poids qui lui sont familiers. Que valent ces poids eux-mêmes? La gravité varie lorsqu'on roule de l'équateur au pôle. La gravité varie plus encore si l'on va dans la lune. Quand on raisonne philosophie, quand l'imagination s'envole à travers l'atmosphère métaphysique, l'esprit humain va plus loin que la lune, il dévore en une seconde les milliers de lieues qui séparent le globe terrestre de Mars ou de Vénus; il défie les lois de la gravité, sans en avoir plus conscience que le flâneur qui se promène de la gare de l'Est à Montrouge ou des Champs-Elysées à la Cannebière.

Dans ce livre, je n'ai pas suivi l'exemple des philosophes qui tranchent hardiment de ce qu'ils ignorent. J'ai raconté quelques faits en abritant timidement mon ignorance derrière la science et derrière la bonne foi des témoins. Si je devais formuler une doctrine philosophique, ce ne serait pas le système de l'affirmation à outrance, pas plus du reste que le système de la négation à outrance. Avant de nier, avant d'affirmer, il faut savoir. Or, que sais-je ? Je sais surtout que j'ignore beaucoup de choses. Est-ce que je sais quelque chose de plus ? Oui, certes, je sais ce que je vois, je sais ce que j'entends, c'est-à-dire fort peu de ce qui peut être su.

Ce que je ne vois pas, ce que je n'entends pas est matière à intriguer mon ignorance bien plus qu'à exercer mon intelligence. Preuve ! les fameuses expériences de Crookes ! Que sont-elles pour les savants qui y voient tout autre chose que ce qu'ont vu les yeux de Crookes ? Et pourtant est-il quelque fait plus voisin de nos yeux que ce phénomène contemporain ? En dehors de nos propres yeux et de notre propre conscience, est-il une paire d'yeux ou une conscience de savant plus digne de notre foi que Crookes ?

Vous connaissez ma méthode, vous savez mes principes : jugez l'œuvre avec indulgence. Les imperfections sont une raison de plus de ne pas être trop sévère. J'ai cherché la vérité : si des inexactitudes de forme ou des erreurs d'expression l'ont parfois dissimulée, vous y suppléerez.

Villa Blanchetière, 23 Mars 1891.

LA MAGIE

A PARIS EN 1890

———⊱⊰———

Je me promenais sur le bo' levard des Capucines. Une affiche frappe mes yeux.

SEPTEMBRE 1890

Lundi 15

PAPUS

Peut-on prévenir l'avenir ?

La Magie à Paris en 1890. — Les Sybilles modernes et leurs procédés.

(Expériences).

J'entrai, j'écoutai, je reçus deux petits livres du conférencier; ma curiosité fut éveillée. Quinze jours plus tard, le 30 septembre, j'entrais à l'hôpital de la Charité; j'assistai avec curiosité à des expériences de magie.

Avec moi, ou mieux à côté de moi, un ecclésiastique venu là en curieux ou en théologien. Encore plus près de moi, un médecin de l'Hôtel-Dieu de Paris, pas tout à fait le premier venu ; il est officier de la Légion d'honneur et membre de l'Académie de médecine. Pourquoi ne pas le nommer? C'est le docteur Hérard. Venu à l'hôpital en curieux ou en physiologiste, le docteur ne s'ennuya pas ; je crus m'en apercevoir. Quant à l'ecclésiastique, j'ignore son nom. Fut-il intéressé ? fut-il scandalisé ? je ne saurais le dire. Je ne m'aperçus de sa présence qu'à la fin de la séance, au moment où, après une grande heure passée en pleine magie, je désirais respirer le grand air. Je ne saurais donc préjuger les impressions de l'ecclésiastique, témoin de ces faits extraordinaires. Ce qui est déjà fort joli, c'est que les faits se soient passés devant lui.

Avant de raconter ces faits curieux, avant de parler de la *Magie à Paris en 1890*, je vais reproduire brièvement les principes de cette science d'après *Papus* qui, à sa qualité de magicien, joint la distinction d'officier d'académie, et oppose gaiement les deux titres sur la couverture de son livre : *Considérations sur les phénomènes du spiritisme.*

Bast! officier d'académie! sourira le lecteur, *la belle affaire! Voilà en vérité, un joli titre !* Je ne suis pas maitre d'empêcher le lecteur de formuler telles réflexions qui lui plaisent. J'ajouterai simplement que *Papus*, ou plutôt l'officier d'académie qui emprunte ce pseudonyme à la magie antique, est chef de clinique à l'hôpital de la Charité, ce qui n'est pas pour faire sourire.

Commençons : « Ce qui constitue le caractère spécial du spiritisme, ce sont ses expériences pratiques, et cependant ces expériences mêmes sont un de ses plus grands dangers, au point de vue de la vulgarisation. »

Papus continue ainsi : « Il semble tout naturel de convaincre les incrédules par le fait. Toutefois, l'expérience nous a bien souvent montré que certaines personnes étaient d'une influence telle sur ces phénomènes, que leur seule présence suffisait à tout arrêter. »

Après cette constatation, Papus observe. « A quoi cela tient-il ? Je vais essayer de donner à ce sujet une théorie. Cette théorie n'est certes pas nouvelle, elle forme la base même de l'antique magie dont, vous le savez, le spiritisme est une résurrection partielle. »

Après cette entrée en matière, Papus définit trois mots, le *corps*, le *périsprit*, l'*âme*.

De ces trois termes, le premier est assez clair. Papus observe spirituellement à ce sujet : « Le corps n'a pas besoin d'être étudié longuement, son existence n'étant heureusement pas niée par nos savants. »

Pour le troisième, la chose est moins facile : « L'âme demande de longs développements si l'on veut s'en faire une idée même générale. Nous n'avons pas le loisir de traiter cette question ; contentons-nous de dire que nous appelons âme ce principe qui se manifeste à nous par la conscience et un ternaire : *Mémoire — Intelligence — Volonté.* »

Après cette brève définition, Papus ajoute : « Ce dernier terme nous est fort utile, car il indique bien pour les physiologistes ce que nous entendons par l'âme. Les organes soumis à l'influence de notre volonté sont, en effet, nettement séparés dans le corps humain de ceux qui échappent totalement à cette influence, comme le cœur, le foie, les intestins, etc. Quelle est donc cette force qui gouverne notre cœur, qui répare, à *l'insu de notre conscience*, les pertes de l'organisme, au fur et à mesure du travail produit ? Cette force, c'est celle que le sang charrie partout, c'est la *vie*. »

Papus place la vie dans le sang. Voici la raison qu'il en donne. « Est-il vrai que la vie soit contenue dans le sang ? Une expérience élémentaire le prouve : empêchez le sang d'arriver à un organe, vous savez que cet organe mourra. Qu'on ne vienne pas parler ici de l'action du système nerveux : la paralysie nous montre qu'un membre continue à *vivre*, alors que la volonté n'a plus d'influence sur lui. Le corps — la vie — la volonté constituent donc trois entités distinctes ayant chacune leur domaine bien spécial, scientifiquement parlant. »

Arrivons à la conclusion de Papus. « Mais comment la volonté peut-elle se manifester? Seulement quand le cerveau reçoit convenablement l'irrigation sanguine. Que le sang vienne, en effet, à quitter subitement le cerveau sous l'influence d'une saignée ou de toute autre cause, et, de suite, l'évanouissement se produit, c'est-à dire *la rupture des relations* entre *le corps et la volonté*.

Inversement, si un vaisseau se brise et que le sang arrive en trop grande quantité, la rupture des rapports normaux se produit aussi, mais cette fois par apoplexie. »

Voilà la démonstration achevée ! Papus est en droit de conclure : « C'est donc bien le sang, c'est-à-dire *la vie*, qui établit les rapports entre *le corps* et *la volonté*. »

Après cette apparente digression, Papus observe : « Si j'ai tourné le dos à la question principale, c'est pour mieux la saisir tout à l'heure, et la preuve en est que maintenant nous sommes à même de prouver scientifiquement l'affirmation d'Allan Kardec, venant dire après Paracelse et Van Helmont : le périsprit est l'intermédiaire entre l'âme et le corps. »

Une fois précisée la notion du périsprit, il est aisé d'ébaucher la théorie des phénomènes pratiques de magie provoqués à l'hôpital de la Charité.

« *Le périsprit* ou *la vie*, c'est la même chose, nous venons de le voir. Je puis donc me servir également de l'un quelconque de ces termes. » Et Papus poursuit ainsi :

« Nous avons vu que la vie, charriée par le sang dans l'organisme, était l'intermédiaire entre le corps et la volonté, ou comme nous disons, nous, que le périsprit était l'intermédiaire entre le corps et l'âme. Mais la vie est-elle seulement contenue dans le sang? Pas le moins du monde. Une partie de la vie humaine est *en réserve*, toute prête à *donner* en cas de danger ou de grand effort physiologique. Cette réserve est placée dans une série de ganglions nerveux reliés entre eux et répandus dans tout l'organisme. L'ensemble de ces ganglions s'appelle, en médecine, le système nerveux ganglionnaire ou le *grand sympathique*. Les centres principaux de ce grand sympathique sont situés autour du cœur (plexus solaire) et dans le ventre. »

Cette exposition est nécessaire pour bien saisir la portée des affirmations suivantes :

« Le périsprit apparait maintenant dans sa totalité, doublant exactement chaque organe, et, si intimement lié à l'organisme, que si on dessine l'ensemble de son royaume, on obtient le double exact de l'être humain. Ce périsprit n'a-t-il cependant d'autres fonctions que celles-là et ne nous intéresse-t-il que comme l'intermédiaire entre la volonté et le corps, c'est-à-dire entre l'esprit et la matière ? »

Nous voici en plein spiritisme, ou, si l'on

aime mieux, en pleine magie, car Papus répond ainsi à la question précédente :

« Pas du tout, et c'est ici que se présente à nous la formule qui donne l'explication du rôle des médiums dans les phénomènes spirites. Cette formule peut se résumer ainsi :

« *La vie peut, dans certaines conditions,*
» *sortir de l'être humain et agir à dis-*
» *tance.* »

Tout ce qui précède est de la théorie pure. Cette théorie serait parfaitement inutile si des faits nombreux, intéressant vivement les personnes qui en sont témoins ou acteurs n'avaient besoin de cette théorie pour être expliqués.

Ces faits, nous allons les examiner.

Nous ne parlerons pas de l'Inde et de ses fakirs. Cela se passe trop loin. Cela intéresse un trop petit nombre de nos lecteurs.

Nous ne parlerons pas non plus de l'antiquité. Comme le dit d'une manière fort amusante un des personnages de Molière : les anciens étaient les anciens, et nous sommes les gens d'aujourd'hui.

Nous parlerons tout bonnement de ce qui se passe à Paris, de ce qui est expérimenté tous les jours, à onze heures du matin, à l'hôpital de la Charité, devant le premier médecin venu qui frappe à la porte et fait passer sa carte au docteur Luys.

Nous parlerons de cela parce qu'une catégorie considérable de gens a intérêt à le savoir. Ceux qui souffrent peuvent obtenir un soulagement immédiat à leurs souffrances, grâce aux méthodes renouvelées de la magie antique, mises *gratis pro Deo* à la disposition des malades qui en demandent l'application à leurs maux.

Je ne puis fournir de chiffres précis. Quand je suis allé à *la Charité*, je n'ai pas pris de notes. Je crois cependant pouvoir affirmer que pendant les deux derniers mois, une centaine de malades, réputés incurables, se sont soumis au traitement *magique* ou *magnétique* (les deux mots sont ici synonymes), en vigueur à *la Charité*. Les deux tiers des malades ont subi une atténuation notable à leurs maux : on écrirait une *guérison totale*, si l'expression n'était téméraire dans une exposition scientifique. Quant aux malades du dernier tiers restant, ils ont reçu une atténuation partielle à leurs maux, atténuation que les remèdes ordinaires étaient impuissants à provoquer.

Il est possible que je commette quelque inexactitude en écrivant les chiffres qui précèdent. Ce que je me rappelle bien, c'est d'avoir entendu le chiffre de *mille* pour le nombre des *transferts* (lisez : pour le nombre des *évocations magiques*), par lesquels a été produite la substitution de la personnalité d'un *médium* à la personnalité du malade à guérir.

Mille *transferts* opérés publiquement d'une centaine de sujets malades sur une demi-douzaine de *médiums*! c'est un chiffre éloquent et qui mérite l'attention. La clinique de l'hôpital de la Charité aura sans doute notablement dépassé ce chiffre quand seront imprimées ces lignes. Au reste, avant de se soumettre au traitement, le malade peut voir appliquer le traitement à des confrères en maladie ; il est témoin intéressé avant d'être à son tour soumis à la cure magique.

S'il éprouve quelque répugnance à demander la santé à cette curieuse méthode, il peut s'en aller comme il est venu ; il peut remettre sa décision au lendemain, il peut même remettre sa décision aux calendes grecques. Liberté absolue est laissée aux malades. Je ne sache pas que jusqu'ici un seul des incurables ayant vu les phases du traitement ait usé de la liberté de le refuser. C'est que les malheureux que traque la souffrance ressemblent aux naufragés : tout leur est bon qui leur sert de planche de salut.

C'est surtout pour ces malheureux que sont tracées les lignes qui suivent. Ils trouveront à l'hôpital de la Charité ces cures merveilleuses du zouave Jacob et des somnambules en vogue ; cela, sous la garantie de médecins ayant fait leurs preuves, sous l'œil de témoins jugeant impartialement les moyens mis en œuvre pour guérir.

Poursuivons les citations du livre de Papus :

« Dernièrement, vous avez pu lire, dans la *Revue spirite*, les expériences de M. Pelletier qui, endormant trois sujets et les plaçant autour d'une table, voit les objets matériels légers se mouvoir *sans contact* et au commandement. Que se passe-t-il ? Sa volonté s'empare de la vie des trois sujets et dirige la force de ces trois périsprits sur les objets matériels qui se meuvent sous cette influence. Nous devons, en effet, nous souvenir qu'un esprit (volonté ou âme) ne peut agir sur la matière (corps) qu'au moyen d'un périsprit (force vitale). »

Nous ne connaissons point personnellement les expériences de M. Pelletier : nous les indiquons simplement comme un fait à vérifier, sinon comme un fait vérifié. Nous ne connaissons pas davantage l'expérience suivante citée par Papus :

« Une autre manière de vérifier ce fait consiste à prendre un sujet endormi, *isolé électriquement*, et à lui demander de décrire ses impressions. Le sujet voit parfaitement le périsprit, c'est-à-dire la vie sortie du médium par le côté gauche (au niveau de la rate), et elle agit sur les objets matériels, suivant les impulsions que reçoit le périsprit. »

Que le lecteur admette ou n'admette pas cette *double vue* du sujet endormi ! peu importe. Le grand point est de saisir l'explication de Papus. Et, encore une fois, cette explication a son prix, car il s'agit de cures de malades réputés incurables. Poursuivons avec Papus :

« Pouvons-nous, d'après ces données, voir ce qu'est un *médium* ? Un médium n'est pas autre chose qu'une *machine à dégager du périsprit*, et ce périsprit sort d'intermédiaire et de moyen d'action à toutes les volontés *visibles ou invisibles* qui savent s'en emparer. Ce point a été élucidé fort judicieusement par M. Donald Mac-Nab, dans ses études sur la force psychique. C'est aussi l'avis d'Allan Kardec, dans son livre des *Médiums*. »

L'importance du *médium* est considérable. Dans les cures de la Charité, le *médium* prend le mal du patient qui veut être guéri, comme le bouc-émissaire se chargeait des péchés d'Israël. Il faut donc savoir exactement à quoi s'en tenir sur le rôle de cette *machine à dégager du périsprit*.

Au sujet des médiums, Papus fait la constatation qui suit :

« Interrogez les médiums : tous vous diront qu'au moment où des phénomènes *d'incarnation* ou de *matérialisation* vont se produire, *ils sentent une douleur aiguë au niveau du cœur et qu'aussitôt après, ils* perdent conscience. Si vous avez eu soin de placer à quelque distance un sujet magnétique isolé, il vous décrira parfaitement ce qui se produit alors. Le périsprit sort du médium, et, à ce moment, les forces invisibles qui sont là peuvent agir et se manifester. »

Ces lignes de Papus suffisent à expliquer pourquoi certaines personnes, même parfaitement crédules au sujet des faits qui précèdent, refusent d'être *médiums* et déconseillent à leurs amis de jouer le rôle de *médiums*.

En effet, **sentir *une douleur aiguë au niveau du cœur*** n'a rien de bien affriolant ; **être à la merci des *forces invisibles* qui sont là** n'a rien non plus de particulièrement agréable.

Papus insiste, d'ailleurs, sur ce dernier point : la servitude momentanée du *médium* par rapport aux volontés, bienvoillantes ou malveillantes, bonnes ou mauvaises, qui l'entourent.

« Toutes les volontés peuvent avoir une action sur ce périsprit qui vient de sortir ; aussi nous est-il indispensable de parler de l'influence réelle qu'exercent alors les assistants. »

Si l'on en croit Papus, ce n'est pas là une influence insignifiante :

« La vie du médium est hors de lui et à la disposition de celui qui sait l'accaparer visiblement ou invisiblement. De là les dangers auxquels est exposé le malheureux médium, s'il a l'imprudence de s'abandonner à des ignorants. »

Ces points examinés, Papus pose la question suivante : « Tout d'abord, pourquoi l'obscurité est-elle nécessaire pour ces phénomènes ? »

Hâtons-nous de remarquer qu'à la Charité tout se passe en plein jour. C'est même la différence essentielle entre les cures magiques de la Charité et les phénomènes tant discutés du spiritisme. A la Charité, on constate simplement la guérison ; aucun des phénomènes bizarres du spiritisme ne vient expliquer ou compliquer la cure.

Ainsi, quand il est question de l'obscurité nécessaire aux phénomènes de magie, c'est uniquement de la magie spirite et des phénomènes *transcendants* qu'il s'agit. A l'hôpital de la Charité, le jour entre largement par les fenêtres, c'est-à-dire dans les conditions de lumière où se fait le cours de physique ou le cours de chimie dans un des amphithéâtres du Collège de France.

Si donc il est question ici d'une *séance obscure*, c'est uniquement pour faire contre-poids aux plaisanteries adressées aux spirites sur l'obscurité nécessaire à leurs expériences. Il est clair que cette obscurité favorise la supercherie : il est certain que le plein jour serait plus favorable à un contrôle judicieux des phénomènes. Encore faut-il que cela se puisse !

« Pour une cause simple, il s'agit d'impressionner nos yeux matériels par cette force invisible à l'état normal que nous appelons en occultisme *lumière astrale* et que le mot de périsprit traduit assez bien en spiritisme. Cette force vitale ne peut se dégager convenablement qu'à l'abri des rayons jaunes et surtout des rayons rouges du spectre solaire qui agissent sur elle comme l'eau agit sur le sucre. »

Voilà l'explication présentée par Papus. Au lecteur de décider si elle est satisfaisante. Ce qui paraît juste, c'est qu'il convient de la bien examiner, comme toute explication scientifique.

« Voilà pourquoi il faudra toujours que le médium soit dans l'ombre ou, *après une grande habitude*, qu'il soit seulement éclairé par une lumière où les rayons *violets* dominent. »

Voilà le problème posé avec précision, *pas de rayons* ROUGES, rien que des rayons VIOLETS.

« Les phénomènes pourront bien se produire dans une salle légèrement éclairée au gaz, mais à la condition, je le répète, que le médium *lui-même* soit séparé de cette lumière. Des ignorants se figurent qu'on éteint les lumières pour mieux tromper ; c'est tout comme s'ils disaient que le photographe s'enferme dans son laboratoire éclairé faiblement en jaune ou en rouge pour se moquer du client à son aise. L'ombre est nécessaire au spiritisme comme elle l'est à certaines opérations de la photographie. »

Il n'entre pas dans notre dessein de discuter les divers phénomènes magiques cités par Papus dans ses *Considérations sur les Phénomènes du spiritisme*.

En effet, ces phénomènes sont dangereux. Pas plus que je ne permettrai à un enfant de jouer avec le feu, je ne conseillerai au lecteur de se jeter bénévolement au milieu de phénomènes où il risque sa vie.

« Dans une séance à Auteuil, le médium Sch... était en transes, on entend des instruments de musique divers se promener au-dessus des assistants. L'un deux ayant voulu saisir une guitare qui passait au-dessus de lui, rompit la chaine. A l'instant, l'instrument tomba sur la tête de l'imprudent et lui fendit le front. »

Les séances diurnes de la Charité guérissent ; elles méritent à ce titre notre attention : les séances nocturnes des spirites produisent de tous autres résultats.

« Trois jeunes gens ayant voulu faire une séance obscure, alors qu'ils ignoraient tous les principes du spiritisme, se placèrent seuls dans une chambre absolument nue, où il n'y ayait qu'une petite table et trois chaises pour eux. Pendant la première demi-heure, rien ne se produisit : mais tout à coup un grand bruit se fit entendre ; l'un des jeunes gens pousse un cri terrible, les autres, effrayés, s'empressent d'allumer et trouvent leur camarade évanoui sous la table, la tête brisée par le marbre de la cheminée qui s'était détaché on ne sait sous quelle influence. »

Papus conclut par la réflexion suivante : « De tout ceci, il ressort qu'avant de faire des séances obscures, *il faut connaître le spiritisme*, comme avant de combiner du chlorate de potasse et de l'acide sulfurique, il faut savoir ce qui va se produire, c'est-à-dire connaître la chimie. »

Ces réflexions ont pour but de montrer combien les badauds et les indifférents sont dangereux pour le succès des phénomènes de spiritisme. Pour qu'une expérience de spiritisme se produise dans de bonnes conditions, il faut que chaque assistant se place dans une situation d'esprit spéciale. Il faut qu'il y ait communion d'idées entre lui et les autres personnes faisant la chaîne.

Or, ce n'est pas chose insignifiante que cette communion pour les gens qui tiennent à leur libre arbitre, ou du moins à ce qu'ils appellent ainsi. Il est par conséquent assez naturel, pour les gens qui ne sont pas extrêmement curieux, de se tenir aux phénomènes magiques de la Charité, dont le spectacle n'exige aucune communion d'idées de la part des studieux qui veulent en suivre les diverses phases.

Je vais raconter ce que j'ai vu à l'hôpital de la Charité. Je le rapporterai avec une entière bonne foi : s'il m'échappe par-ci par-là quelques inexactitudes, c'est à ma mémoire qu'il faut les reprocher. Je n'ai pas pris de notes pendant l'espace d'un peu plus d'une heure dans lequel se sont déroulés, sous mes yeux, les phénomènes de magie : j'appelle ainsi les cures dont j'ai eu la réalisation sous mes yeux.

Quand je dis que j'ai eu ces *cures* sous les yeux, je n'affirme pas avoir vu autre chose que des gens *se prétendant soulagés* d'une paralysie, d'une affection gastrique, etc., après une série d'opérations magiques produites sous mes yeux.

Les gens qui se disaient ainsi soulagés étaient-ils sincères ? Etaient-ils dupes ? C'est une question que je ne saurais préjuger : elle est d'ailleurs insoluble. Je n'avais jamais vu ces gens avant l'heure passée à la Charité ; je ne les ai point revus depuis. Je ne sais si je les reverrai jamais. En me fiant tout bonnement aux apparences, j'écrirai que ces gens, hommes et femmes, vieillards et jeunes gens, me semblaient parfaitement sincères. La mise de ces personnes annonçait des malades aux prises avec les difficultés matérielles de la vie ; leur figure reflétait la souffrance ; en se rendant à la clinique du docteur Luys, ces gens paraissaient se rendre avec satisfaction à un traitement qui atténuait notablement leur mal.

Telle est mon impression. Quant à la ma-

nière dont se produisait la cure : la voici
brièvement exposée.

Le malade s'assied dans un fauteuil. En
face de lui, dans un autre fauteuil, est
assis le sujet, le *médium* qui va s'incarner
dans le malade et prendre pour son compte
les impressions douloureuses contre lesquelles a échoué la médication ordinaire
des hôpitaux.

Je ne dirai rien de l'état physiologique où
est placé le *médium* ; sinon que c'est l'état
qualifié, par les hypnotiseurs, de *somnambulisme provoqué*.

Une fois assis, le malade prend dans ses
mains les mains du *médium*, ou place ses
mains dans celles du *médium*, je ne me
souviens pas exactement de la façon dont
s'opère cette double liaison par les mains
entre le malade et le *médium*.

Tant est-il qu'une fois la liaison produite,
le docteur Luys, ou son chef de clinique
saisit un barreau aimanté. Il m'a semblé
que c'était un paralléllipipède à base car-
rée, le côté du carré mesurant environ 3
centimètres. Quant à la longueur du paral-
lélipipède, elle m'a paru voisine de quarante
centimètres. Pareil barreau d'acier peut
contenir une force magnétique notable.

Avec cet aimant, le docteur décrit un circuit assez compliqué le long des bras et du tronc du malade, le long des bras et du tronc du médium.

Ce circuit détermine immédiatement des phénomènes nerveux variables selon *les médiums* ; quant au malade, il paraît ne rien ressentir ou fort peu de chose. Enfin, après un certain nombre de circuits répétés (cinq ou six fois peut-être, si ma mémoire est fidèle), le docteur interroge le *médium* sur ses impressions.

Ce qui est curieux, c'est que le médium répond généralement en formulant un diagnostic précis des souffrances du malade, une description tellement exacte que l'imagination peut être confondue.

Un exemple : nous n'en avons pas été témoin : nous le tenons du docteur Louveau lui-même, sur qui se produisait l'expérience, dans le courant de cet été.

Le docteur poussant la curiosité plus loin que moi, s'était assis sur le fauteuil réservé aux malades ; il avait été mis en liaison avec le *médium* ; il avait subi les passes multiples du barreau aimanté.

A ce moment, l'incarnation du médium dans le corps du docteur Louveau étant produite, il avait été demandé au médium ce qu'il ressentait.

Rien de particulier ! avait répondu celui-ci. Pourtant, après un instant de recherche, comme ferait une personne qui se gratte la tête et est embarrassée, le médium reprit : *Si, j'ai un clou au bras droit !*

A ce moment, le docteur Louveau ne sentait rien au bras ou croyait ne rien sentir : si je me fie à mon souvenir, c'est trois jours après cette incarnation du médium dans son propre corps que le docteur souffrit réellement du furoncle au bras droit diagnostiqué par le *médium*.

Inutile d'ajouter que le docteur était habillé pendant le *transfert* de la personnalité du médium dans son propre corps. C'est par l'intermédiaire du *périsprit* que le médium avait pu diagnostiquer et sentir ce furoncle; car avec les yeux de la tête, pour parler le langage vulgaire, le médium ne pouvait rien voir sur le bras du docteur.

Cette expérience, je n'en ai pas été témoin : je la cite parce qu'elle est curieuse, parce que le docteur Louveau est fort connu à Paris, parce qu'entre mille autres témoignages du même genre, le sien est un des plus susceptibles d'être crus.

En ce monde, il faut bien *croire*. Celui qui n'admettrait exclusivement que ce qu'il a *vu* de ses yeux, ce qu'il a *contrôlé* lui-même, risquerait fort de ne rien savoir, ou si peu que rien.

Au reste, je ne vois pas l'intérêt qu'aurait eu le docteur Louveau à tromper en inventant pareille histoire : je ne vois pas davantage qu'il ait pu être abusé par des apparences. Bref, si mince qu'elle semble, l'anecdote du clou me semble une des choses les plus extraordinaires à enregistrer.

Ce que j'affirme avec énergie, c'est que la loyauté du docteur Luys et de son chef de clinique m'a semblé parfaite.

Je n'ai rien aperçu de leur part, sinon le désir de faire les honneurs de leur clinique aux curieux assistant à leurs expériences.

J'ai noté déjà que ces visiteurs n'étaient pas absolument les premiers venus : un médecin, un ecclésiastique, un magistrat ont généralement assez de savoir-vivre pour ne pas donner une forme désagréable ou maladroite à leur curiosité ou à leur scepticisme.

Cependant cette curiosité est souvent animée de l'esprit de contradiction ; toutes les fois que cela s'est produit pendant la séance du 30 septembre, j'ai rencontré une satisfaction évidente du docteur Luys et de son chef de clinique à voir surgir la contradiction.

Ces messieurs ont paru heureux de pouvoir satisfaire aux diverses épreuves contradictoires à eux suggérées par leurs visiteurs. Je le signale : on pourrait être tenté de supposer le contraire, si l'on se reportait à d'anciennes expériences et aux précautions avec lesquelles ces épreuves étaient poursuivies.

Je ne puis parler avec compétence de ce que je n'ai pas vu ; je me contente d'affirmer que dans la séance à laquelle j'ai assisté, la contradiction s'exprimait aussi librement que le comportait le savoir-vivre des gens bien élevés qui la formulaient.

Aussi, je dis aux incrédules : si parmi vos connaissances il se trouve un malade souffrant depuis plusieurs années d'une paralysie ou d'une affection des centres nerveux, si ce malade est abandonné des médecins, faute de remède efficace, si ce malade est assez facile à transporter pour être amené à Paris et de là à l'hôpital de la Charité qui est situé au coin de la rue des Saints-Pères et de la rue Jacob, à une petite demi-heure de la gare d'Orléans ; tentez l'épreuve. Il est fort probable que votre ami sera considérablement soulagé. Cela est probable ; car pourquoi cela lui réussirait-il moins qu'à la douzaine de malheureux que j'ai vus affirmer leur propre soulagement?

J'ajouterai autre chose : pour un médecin, il y a une épreuve concluante à tenter. C'est d'accompagner le malade, et d'entrer dans la salle de clinique en prononçant ces mots : « Voici un malade ! je désire ne pas faire connaître le genre spécial d'affection pour lequel il désire être guéri, afin d'éprouver la lucidité du *médium*. »

Je crois que le chef de clinique déférera aussitôt au désir du médecin son confrère et opérera volontiers le transfert de la personnalité du médium dans le corps du malade.

Rien que par le diagnostic formulé par le *médium*, le médecin appréciera le degré d'exactitude avec lequel le *médium* ressent les souffrances et les sensations du malade.

Et qu'on ne dise pas que ce diagnostic

est facile à formuler, parce que l'apparence même du malade permet de le présumer.

Rien n'empêche le médecin qui veut se faire une idée complète de ces opérations magiques de conduire à la clinique une personne bien portante, uniquement pour se faire une opinion en donnant le change au médium. Rien de plus aisé à un médecin curieux et sachant expérimenter, que de choisir parmi ses malades, une, deux, trois personnes dont les affections morbides soient des plus difficiles à deviner par l'œil le plus exercé.

Rien même ne s'oppose à ce que le docteur joigne à ces deux ou trois malades une personne bien portante, à seule fin de prendre le médium en flagrant délit de contradiction.

Cela fait, il ne reste aux incrédules qu'à prendre le train pour aller à Paris et entrer à l'hôpital de la Charité à onze heures précises.

Pour un médecin d'Orléans, c'est chose assez facile, on peut partir le matin et être rentré le soir. Pour un médecin de Vierzon, c'est plus difficile ; mais enfin, cela peut encore se faire. Pour un médecin de Bourges, l'horaire des trains se prête mal à l'expérience ; toutefois, comme la chose en vaut la peine, l'expérience mérite d'être essayée.

Notre médecin entre à la Charité. Il est conduit au deuxième étage, à la clinique du docteur Luys. Il expose sa requête. Cinq minutes après, deux de ses malades, sans avoir ouvert la bouche, seront placés en face de deux médiums. L'un recevra ce diagnostic bizarre de la part du médium incarné en lui : « Je sens une oppression énorme sur l'estomac, comme s'il était tiré en dedans ». L'autre entendra ces mots : « Je ne puis respirer du côté droit, j'ai un point de côté. » Chose curieuse, les deux médiums prendront des attitudes bizarres correspondant à leur genre spécial de souffrance.

Ou ces diagnostics n'auront pas de rapport avec l'état des deux malades, alors le médecin sera fixé ; ou bien ces diagnostics seront parfaitement exacts, alors le médecin sera encore fixé.

Il peut enfin se produire un cas intermédiaire. Le médium ne peut préciser ce qu'il sent, après avoir envahi par sa personnalité le corps du malade. Alors, il faut recommencer l'épreuve avec un autre médium. Si, cette fois encore, le médium reste impuissant à ressentir la souffrance du malade, on est en présence d'un échec. Il n'y aurait pas lieu d'insister ; car il n'y a pas de règle sans quelque exception.

Je puis citer un seul fait de ce genre. Encore n'est-il pas très probant. Un des assistants à la conférence du 29 septembre, professée par Papus au boulevard des Capucines (c'était la troisième conférence de la série), voulut profiter de l'offre qui m'était adressée de me rendre le lendemain à la clinique de la Charité.

C'était un homme de quarante ans (je donne le chiffre à peu près, n'ayant pas eu l'occasion de poser de question sur ce sujet), extrêmement fatigué par quinze années d'occupations sédentaires consacrées à la liquidation d'affaires contentieuses.

Sa fatigue avait pris un caractère nerveux : pour en venir à bout, le malade avait été passer un mois à Royat. Il y avait suivi un traitement ; le médecin consulté par lui à Royat n'avait rien trouvé de dérangé dans son organisme ; avec toutes les formes de la politesse, il lui avait laissé entendre que le siège de sa fatigue était sans doute dans son imagination.

J'exagère peut-être un peu : pourtant c'est bien dans cet ordre d'idées que le malade me dit avoir été soigné.

Revenu à Paris, il avait eu la curiosité d'entendre Papus. Entendant parler des transferts opérés à la Charité, l'idée lui vint que la souffrance ressentie douloureusement par lui y trouverait peut-être un soulagement.

Tel fut le motif de son désir d'aller à la clinique. Il s'y trouva le lendemain. Avant d'entrer, poussé par le désir de faire une expérience de diagnostic, je le priai d'écrire sur une feuille de papier le genre de souffrances dont il se plaignait. J'enfermai son manuscrit dans une enveloppe que je mis immédiatement dans ma poche sans l'avoir lu. Mon but était de confronter ce que dirait le médium avec l'aveu tout simple et antérieur à la cure, formulé par le malade intéressé à l'expérience.

Après avoir assisté aux curieux phénomènes de l'incarnation du médium dans divers malades soumis au traitement par transfert, la personne qui m'accompagnait à la Charité, M. T... C... (en le désignant par les initiales de son nom et de son prénom) manifesta l'intention de subir le transfort de la personnalité du médium dans la sienne.

Papus se prêta à ce désir : en deux minutes, le transfert fut opéré, sans autre particularité que quelques secousses des bras du médium, secousses concordant avec le trajet de l'aimant le long du médium. Le médium incarné chez M. T... C... répondit presque aussitôt qu'il ressentait une oppression violente dans l'estomac, comme si l'estomac était tiré en dedans.

C'est là tout le diagnostic que fournit le médium. Vainement M. T... C... demanda-t-il si le médium ne ressentait pas encore autre chose, le médium répondit que non. A ce moment, je retirai de l'enveloppe où je l'avais placé le diagnostic formulé par M. T... C... lui-même, avant d'avoir franchi le seuil de l'hôpital de la Charité. Je n'ai plus sous les yeux ce morceau de papier; je ne puis donc le rapporter textuellement ici. Ce que je me rappelle bien, c'est que l'oppression de l'estomac y était formulée nettement. Pour respecter la vérité, il faut constater que le diagnostic énumérait encore diverses indications sur lesquelles le médium était resté muet.

La seule raison pour laquelle je ne spécifie pas les diverses indications du diagnostic formulé par M. T... C..., avant le transfert magnétique, est la crainte de les rapporter inexactement. J'ai en effet remis à Papus ce diagnostic, après avoir lu rapidement son contenu. Le motif de cette remise, je le constate simplement, était de faire plaisir au chef de clinique du docteur Luys, en lui permettant de conserver un témoignage de la clairvoyance de son médium. En effet, tout incomplet que fût le diagnostic du médium, il y avait une coïncidence assez nette avec celui de M. T... C... pour que cette similitude fit plaisir.

Au point de vue de l'expérimentation scientifique, j'ai eu parfaitement tort de subordonner la suite de l'expérience au désir d'être agréable à Papus qui, dans l'espèce, était mon hôte. En effet, c'est, à ce qu'il paraît, un fait reconnu dans les incarnations, qu'une seconde incarnation du médium dans un patient, une troisième incarnation, une quatrième, produisent généralement des résultats beaucoup plus décisifs que la première incarnation, au point de vue de la cure du malade et aussi au point de vue de l'identité des sensations du médium avec les impressions du malade.

En remettant à Papus le diagnostic qui était la pierre de touche des dires du médium, je privais les transferts que pourrait subir ultérieurement M. T... C... de l'une des principales garanties qu'ils auraient comportées, au point de vue de la faculté du médium de percevoir les sensations du malade. En effet, parmi les influences subies par le médium en état de somnambulisme figure l'influence de la suggestion mentale : il suffit que Papus pense à l'état pathologique de M. T... C..., soumis au transfert, et y pense conformément au diagnostic écrit par M. T.. C... lui-même, pour que cette préoccupation produise chez le médium une préoccupation identique.

Dans ces conditions, Papus sachant le fin mot touchant l'état pathologique de M. T... C..., les transferts ultérieurs se trouveraient dans des conditions inférieures aux conditions du premier transfert, au point de vue de la démonstration recherchée par un profane. Bref, si l'on veut provoquer une expérience instructive, il faut procéder avec sévérité, rester muet et impénétrable aussi bien après l'épreuve qu'auparavant, de façon à pouvoir répéter l'épreuve, la varier, la modifier à l'infini, sans avoir diminué par une indiscrétion la valeur des garanties présentées par l'incertitude où se trouve le magnétiseur, relativement à l'état pathologique du malade soumis au transfert.

Dans le cas particulier de l'incarnation du médium dans la personnalité de M. T... C..., il n'y avait ni supercherie, ni duperie. J'entends par là qu'à l'exception de M. T... C..., personne dans l'assistance ne savait à quoi s'en tenir sur l'affection qui le faisait souffrir. Aucun des assistants à l'expérience n'était dans le secret. Moi-même, j'avais fait en sorte d'avoir dans ma poche le critérium de l'expérience, tout en ne l'ayant pas connu, de façon à ne laisser échapper involontairement aucune marque d'étonnement ou d'impatience, de satisfaction ou de mécontentement, suivant ce que dirait le médium.

Mais, objectera-t-on, M. T... C... ne pouvait-il trahir par l'expression de sa physionomie, par ses gestes involontaires, l'impression produite sur son esprit par les paroles du médium? Cela est vrai et cela sera vrai dans toute autre expérience de ce genre. Seulement, il faut admettre que deviner rien que par de pareils indices la maladie dont souffre une personne, c'est un joli tour de force. Il sera toujours permis de supposer que le médium peut procéder ainsi. Toutefois, quand on a vu l'expérience, quand on a vu avec quelle rapidité (moins de trois minutes), le médium définit l'affection dont souffre le patient, on est amené à penser que l'analyse des gestes et des regards du malade échappe à un personnage placé en somnambulisme ; on est conduit à croire que c'est bien l'examen interne du malade au moyen d'un sens analogue au sens du toucher qui guide le médium. Il semble, quand l'incarnation est bien faite, que le médium *sent* et *souffre* réellement ce qu'il dit.

Cependant, les précautions ne sont pas superflues de la part des assistants, afin de ne laisser à la faculté divinatoire du médium que les éléments d'appréciation qu'il est impossible de lui arracher. Dans l'état de somnambulisme qui concorde avec la faculté de s'incarner dans un malade, le médium subit les diverses impressions du dehors, les multiples suggestions orales qui peuvent échapper aux assistants. Des médecins éminents (dont le docteur Ochorovicz), estiment même que, dans ce singulier état, une suggestion mentale peut s'exercer sur le médium, de la part du magnétiseur, *aussi bien que de la part des assistants !*

Or, suggestion n'est pas incarnation. Il y a un abîme entre une transmission de pensées et une transmission de sensations. Le médium subit l'influence de tout ce que manifestent les assistants ; il ressemble à une nappe d'eau ; il présente le reflet de l'état pathologique du malade en qui il s'incarne, mais le plus léger souffle suffit à altérer ce reflet, à en modifier l'aspect.

Il est important de préciser le caractère scientifique des expériences de magie qui sont entrées cette année dans le domaine de la médecine pratique.

Il est essentiel de souligner la qualité du docteur Luys, membre de l'Académie de médecine, et les titres scientifiques considérables du savant médecin qui, *sans respect humain*, affronte vaillamment les contradictions et les plaisanteries des gens qui estiment plus facile de se moquer que de raisonner et d'approfondir.

APRÈS TROIS TRANSFERTS

A-t-on assez *blagué* les somnambules et les sorciers ? Or, à tout prendre, le docteur Luys fait une besogne analogue : avec son autorité scientifique, il donne une fois de plus raison au vieux proverbe :

> Il n'est pas de sot métier,
> Il n'est que de sottes gens.

J'ai posé diverses observations sur le cas pathologique d'une personne souffrant d'une affection nerveuse qui m'avait accompagné, le 30 septembre, à la Clinique de la Charité.

Je revis cette personne le 13 octobre. Elle s'était rendue deux fois à la Clinique du docteur Luys, postérieurement au 30 septembre. A quelles dates ? je l'ignore. Ce qui est certain, c'est que le 13 octobre, cette personne m'affirma qu'à la dernière séance de la Clinique son mal avait disparu.

Bref, trois transferts avaient suffi pour produire la cure. J'ai remarqué plus haut que le malade avait vainement passé une saison d'eaux à Royat, avec l'intention de soulager son mal.

Au troisième transfert, le médium avait répondu à la question du docteur : *Je vais* bien : *je ne souffre plus de l'estomac !* En effet, le malade soumis au transfert n'avait plus alors l'oppression douloureuse qui se prolongeait par des souffrances aiguës jusqu'au ventre et à la vessie. En un mot, le malade était guéri ou se disait guéri, ce qui est tout un, au point de vue du langage ordinaire.

J'ai tenu à rapporter ce cas parce qu'il ne manque pas d'intérêt. Je serais heureux de pouvoir écrire ici le nom du malade dont j'ai raconté la cure. Il y a cependant un empêchement ; c'est le désir du malade de ne pas savoir son nom imprimé dans une étude pathologique. Il est toutefois permis de concilier cette juste prétention avec le souci de renseigner les personnes studieuses qui voudraient être assurées que l'histoire qui précède n'est pas un conte inventé à plaisir pour l'amusement des gens crédules. Le malade m'a autorisé à fournir son nom aux personnes qui auraient individuellement la curiosité de le connaitre. Afin d'éviter à ces curieux la peine de m'écrire, je vais leur donner le moyen de connaître la personnalité du malade dont j'ai raconté la cure. Ouvrez le Bottin de Paris pour l'année 1890 ; cherchez la page 2391 ; parcourez la troisième colonne; le nom du personnage y est précédé du nombre 3; c'est le seul nom de la colonne qui soit dans ce cas.

Si cette désignation est tant soit peu énigmatique et ne vaut pas l'énonciation pure et simple du nom du malade et de son adresse, que le lecteur ne s'en prenne pas à moi ! Je dois concilier les divers intérêts en jeu dans un récit de ce genre; j'eusse certainement préféré écrire purement et simplement les sept lettres qui composent le nom et les quatre qui forment le prénom de mon compagnon en curiosité dans la visite que j'ai faite le 30 septembre à l'hôpital de la Charité.

Puisque j'en suis à ce point singulier du transfert du périsprit du médium dans une personne quelconque s'asseyant en face du médium, lui prenant les mains, subissant les passes du barreau aimanté, je vais rapporter une expérience qui a eu lieu le 13 octobre, à la salle des conférences du boulevard des Capucines, entre 10 heures du soir et 11 heures.

Pendant la conférence, j'avais causé avec un de mes voisins qui avait suivi avec intérêt et aussi en manifestant parfois des réserves, le développement du programme qui s'étalait ainsi sur l'affiche :

Lundi 13 Octobre

PAPUS

LE SPIRITISME — LES REVENANTS — LA MAGIE

(*Expériences*)

Mon voisin paraissait assez sceptique touchant diverses assertions du conférencier. *Voilà bien la personne qui convient à une expérience !* Telle fut mon impression ; je la communiquai à mon voisin en lui demandant si lui, inconnu de Papus, consentirait volontiers à laisser envahir sa personnalité par le périsprit du médium. Les dires du médium, après cette incarnation, seraient curieux à enregistrer. Si ces dires étaient exacts, tout en visant des points en apparence difficiles à deviner, l'expérience serait intéressante.

Mon voisin déclara se prêter de bonne grâce à mon désir. Mieux encore ! Papus consentit aussi à satisfaire notre curiosité en nous accordant son médium. Deux minutes après, le médium était incarné dans mon voisin. Voici les questions que je posai : elles portent sur des objets vulgaires et paraîtront au premier abord indignes du lecteur. Leur intérêt est uniquement dans l'exactitude des réponses qui devaient leur être fournies.

D. *Portez-vous un gilet de flanelle ?*

R. Voilà une drôle de question. Qu'est-ce que cela vous fait ?

D. *Je suis curieux de le savoir.*

R. (Le médium se tâte et répond :) Oui ! je porte un gilet de flanelle.

D. *Combien votre gilet a-t-il de boutons ?*

R. Vous me posez de drôles de questions. Qu'est-ce que cela vous fait ?

D. *Cherchez ! Je désire le savoir.*

R. Il y a quatorze boutons.

Je prie le lecteur de remarquer que j'ignorais si mon voisin portait ou non un gilet de flanelle, si ce gilet avait ou non quatorze boutons. Je dois même remarquer que ce nombre me parut si élevé que je le crus erroné, mes propres gilets en ayant un nombre bien moins élevé, trois ou quatre à ce qu'il me semble.

D. *Votre gilet de flanelle a-t-il des manches ?*

R. Tu me poses de drôles de questions. On ne demande pas ça.

D. *Je désire le savoir.*

R. (Le médium regarde ses manches, les tâte, touche sa manche de chemise et répond :) Non ! mon gilet de flanelle n'a pas de manches.

D. *Portez-vous un caleçon ?*

R. Tu me demandes de drôles de choses ! Qu'est-ce que ça te fait ?

D. *Je désire le savoir. Avez-vous un caleçon ?*

R. Oui.

D. *En quelle étoffe ? en coton, en laine ?*

R. C'est doux au toucher : ce doit être du coton.

D. *Combien y a-t-il de boutons devant votre caleçon ?*

R. Il y en a trois.

D. *La ceinture du caleçon est-elle de même étoffe que le reste ?*

R. Non ! plus blanc.

D. *Y a-t-il une patte et une boucle derrière votre caleçon ?*

R. Oui.

D. *Combien y a-t-il de boutons à votre chemise ?*

R. Qu'est-ce que cela vous fait ? On ne demande pas ça !

D. *Je désire le savoir.*

R. Il y en a trois.

D. *Ces boutons sont-ils fixés à la chemise, ou peuvent-ils se retirer ?*

R. Ils peuvent se retirer tous les trois.

Je tiens à constater qu'à la fin de la séance, après avoir demandé à mon voisin en qui le médium était incarné, ce qu'il fallait penser de l'exactitude de ces réponses, mon voisin répondit que tout cela était minutieusement exact.

Il paraît même que sur le nombre des boutons du caleçon, mon voisin remarqua avoir cru en avoir *quatre*, mais s'être rappelé presqu'aussitôt qu'un de ces boutons s'était détaché la veille et n'avait pas été remplacé.

Quant aux boutons de la chemise, ils étaient effectivement mobiles et au nombre de trois, deux sur le devant et un par derrière, au milieu du col.

Bref, tout était en réalité conforme à la parole du médium, s'il faut en croire mon voisin, à qui je demandai s'il autorisait la mention de son nom dans le récit de cette expérience.

Sa réponse fut affirmative : je le priai alors de me faire connaître son nom ; je l'ignorais jusque-là ; il me remit sa carte, je la transcris ici :

M. BUTET
Rédacteur à la *Science pour tous*

28, Rue Hermel, Paris

Je ne connaissais, avant d'avoir lu cette carte, ni la rue Hermel, ni M. Butet ; je ne doute pas que les sceptiques qui seraient tentés de juger le récit précédent comme un conte fait à plaisir ne puissent s'adresser à M. Butet, pour savoir si les lignes que l'on vient de lire sont conformes à la réalité.

Il fut posé au médium mainte autre question qui n'est pas rapportée ici, afin de ne pas allonger l'exposition. Ce qui résulte nettement de ce qui vient d'être lu, c'est qu'à moins d'être tombé juste sur le nombre 14 pour les boutons du gilet, qui pouvait varier de 3 à 14, et même être encore plus élevé ; sur le nombre 3 pour les boutons du caleçon, qui pouvait être 4 aussi bien que 3 ; sur le nombre 3 pour les boutons de la chemise, qui pouvait être 4 ou 5 aussi bien que 3 ; enfin, sur ce fait, que le gilet n'avait pas de manches, que les boutons de la chemise étaient tous mobiles, tandis que, dans ces deux derniers cas, ce pouvait tout aussi bien être *non* au lieu de *oui*, il faut une sérieuse divination.

C'est à peu près comme si l'on disait au médium : nous allons jouer à pile ou face dans la pièce voisine avec ces cinq pièces de monnaie ; vous direz pendant ce temps ce qui aura été tourné. Supposons que le médium réponde pendant l'expérience : *Vous avez tourné cinq fois pile*, et que ce soit ainsi dans la réalité. La coïncidence serait curieuse ; elle ne le serait certes pas plus que l'expérience qui précède : elle le serait même moins.

En effet, le fait que le nombre des boutons était 14 au gilet, 3 au caleçon, 3 à la chemise, que le gilet était sans manches, que les 3 boutons de la chemise étaient mobiles, échappait aux yeux du médium aussi bien qu'aux yeux des assistants. Si le médium a pu deviner cette particularité, c'est de même ordre que deviner le *pile ou face* de cinq pièces lancées hors de sa vue et hors de la vue des assistants.

Bien plus ! afin que la comparaison soit très exacte, il faut supposer des dés de diverses couleurs, rouge, bleu, vert, jaune... et que le médium puisse indiquer le *point* de chacun de ces dés jetés ensemble dans un cornet, hors de sa vue et hors de la vue des assistants. On se rend compte, sans longue réflexion, de la difficulté de satisfaire à une question de ce genre.

Quant à expliquer comment le médium peut connaître ces particularités de l'individu dans lequel il est incarné, ce n'est pas plus malaisé que d'exposer comment le médium peut ressentir la souffrance du malade dans lequel il est incarné et la décrire ; mais c'est tout aussi difficile.

J'ai dirigé l'expérience du côté des vêtements échappant aux yeux, plutôt que du côté d'une souffrance interne, parce que la souffrance interne est plus délicate à contrôler que les particularités des vêtements au point de vue des assertions du médium, tout au moins pour quelqu'un qui n'est pas très ferré en médecine. Papus, en constatant la nouveauté de cet ordre de questions, en a, du reste, reconnu l'intérêt au point de vue du contrôle facile.

J'ai été bien aise de pouvoir produire le

nom de la personne de bonne foi, inconnue complètement de moi, inconnue du médium, inconnue de Papus, avant l'expérience ébauchée. C'est, en effet, dans des conditions vraiment imprévues que doit être menée l'épreuve scientifique pour apprendre quelque chose.

On peut affirmer que, sur mille expériences telles qu'on en produit chez les somnambules ou même dans les cliniques, il en est fort peu, une demi-douzaine peut-être, qui présentent des caractères décisifs, excluant *l'apparence* de la suggestion ou de la duperie.

Pour que l'épreuve montre quelque chose, il faut que rien dans les gestes ni dans la conversation des assistants ne trahisse le médium et ne l'induise à tromper ou à être trompé. Il faut pour ainsi dire questionner automatiquement, sur un formulaire que connaisse seul l'interrogateur, sans murmures ni réflexions des assistants, de manière que le médium ne soit pas le reflet conscient ou inconscient de ces impressions multiples ; autrement, on a une vulgaire mise en scène de somnambulisme, où le plus maladroit est l'expérimentateur qui croit avoir entendu un oracle, tandis qu'il a saisi un écho déformé de ses propres impressions.

L'incarnation du médium dans un personnage quelconque constitue un fait de magie parfaitement caractérisé. Relisez les ouvrages du siècle dernier : mieux encore, feuilletez les livres parus dans les trois siècles qui ont précédé l'époque actuelle, vous trouverez, sur la liste des phénomènes magiques, une multitude de faits ayant de singuliers rapports de similitude avec les faits que chacun peut constater à l'hôpital de la Charité.

A l'hôpital de la Charité, ces expériences magiques revêtent le caractère scientifique. Cela parce qu'elles sont produites en public par des médecins experts en leur art, sur des malades pouvant se présenter à la clinique en la compagnie de leurs propres médecins. Enfin, le résultat thérapeutique de ces expériences leur imprime un caractère d'utilité qui constitue par ces phénomènes magiques un moyen puissant d'investigation médicale et de guérison.

A quoi bon insister sur le côté pratique des phénomènes de magie? Il faut laisser aux médecins le soin de le discuter. La chose n'est d'ailleurs pas facile. Cela parce que les intérêts particuliers sont prépondérants chez la plupart des savants qui prennent part à ce genre de discussions.

La médecine homœopathique a fait depuis un demi-siècle ses preuves et des preuves éclatantes ; comptez les médecins, comptez les pharmaciens qui adoptent ce genre de médication. Chez la plupart des hommes, la question de métier, le point de vue particulier de l'individu dominent les considérations purement scientifiques. Maint médecin, maint pharmacien s'inquiète d'une médication nouvelle exigeant de sa part de nouvelles études, compliquées de formules différant du tout au tout de celles qu'il a apprises, contredisant absolument les errements suivis par lui depuis son départ de l'Ecole de médecine.

Le magnétisme médical a fait ses preuves en mainte circonstance pendant plus d'un siècle, depuis Mesmer et depuis Puységur ; cependant combien de docteurs admettent ce genre bizarre de médication ? Un fort petit nombre ! une minorité si infime que les cures magnétiques se produisent généralement en dehors de tout médecin. Le zouave Jacob a guéri plusieurs centaines de malades réputés incurables Cela lui a valu de comparaître dans ces dernières années en police correctionnelle pour exercice illégal de la médecine ! D'ailleurs il fut acquitté ou condamné si légèrement et avec de tels considérants que c'était à peu près un acquittement.

Les phénomènes de la Charité ont en leur faveur d'être présentés par le docteur Luys, membre de l'Académie de médecine, et par une centaine de jeunes docteurs, faisant fi de la vieille routine médicale, se jetant à corps perdu dans les recherches psychiques et physiologiques. C'est là une chance de succès. Toutefois il faut envisager les obstacles que rencontrera nécessairement la science nouvelle. Pour un ou deux académiciens qui approuveront plus ou moins chaleureusement les recherches du docteur Luys, il s'en trouvera trente pour hausser les épaules à la lecture de ses mémoires. Pour cent jeunes médecins brûlant leurs vaisseaux et se jetant dans la nouvelle voie, il s'en trouvera mille pour les combattre ou pour faire le silence systématique autour de leurs efforts. Dans de pareilles conditions, la lutte sera longue. Si elle se termine par le succès, ce ne sera qu'après bien des années !

Quand un médium est placé dans l'état de *somnambulisme* propice au transfert de la personnalité par le moyen des aimants, il est dans des conditions de sensibilité spéciale : *hyperesthésie* par rapport à certaines sensations, *anesthésie* par rapport à d'autres sensations.

Un phénomène significatif correspond à l'approche des pôles d'un barreau aimanté. Un de nos lecteurs aurait sous les yeux un barreau aimanté ; il n'y trouverait rien de particulier. Il le confondrait sans doute avec un barreau ordinaire, s'il n'était pas prévenu. Il n'en est pas de même du médium, quand il est placé dans l'état spécial propice aux transferts.

Le médium discerne d'un simple coup d'œil le barreau aimanté du barreau ordinaire. Le barreau ordinaire ne lui offre aucune sensation particulière, tandis que le barreau aimanté lui montre de *petites flammes*, de petites aigrettes lumineuses s'échappant de son *pôle nord*.

Ce phénomène de vision est commun aux divers médiums. C'est, du moins, ce qui m'a été affirmé par Papus. D'après son dire, *presque tous les médiums voient ces petites aigrettes lumineuses.*

Imaginez une douzaine de barreaux ; les uns aimantés, les autres au naturel ; imaginez qu'aucun signe ne distingue le pôle sud du pôle nord sur les barreaux aimantés. Un médium séparera à simple vue les barreaux aimantés des autres, il distinguera les *pôles nord* sans hésiter. C'est un phénomène curieux ; c'est un phénomène scientifique aisé à contrôler. Que le premier curieux venu dirige lui-même l'expérience, qu'il se présente à l'hôpital de la Charité à l'heure de la clinique. Au beau milieu d'une expérience, qu'il tire de sa poche, l'un après l'autre, chacun des barreaux sur lesquels il aura pu marquer des signes perceptibles par lui seul. Il constatera si le médium commet une erreur, prend un barreau ordinaire pour un aimant, confond un pôle nord avec un pôle sud.

Quant à la manière de marquer les barreaux, il en est, des plus faciles, pour les reconnaître soi-même, sans qu'un autre les puisse distinguer. Il est aisé de graver un mot sur chaque barreau ou tout simplement de coller sur chaque barreau une étiquette en papier, pareille pour tous les barreaux, portant, par exemple, les mots BAR-

REAU D'EXPÉRIENCE, et différenciée par une bavure sur l'une des lettres (sur le D ou sur le P, par exemple), de façon à ce que l'expérimentateur juge, d'un simple coup d'œil, l'exactitude du dire du médium.

Cette épreuve peut être des plus probantes pour un curieux qui aurait l'idée de la tenter et la patience de la réaliser. Elle n'est elle-même qu'un commencement, car le médium ne se borne pas à voir des aigrettes lumineuses au pôle nord de l'aimant qui lui est présenté. L'aimant produit sur le médium une sensation délicieuse quand il lui est présenté par le *pôle nord ;* il détermine, au contraire, sur le médium une sensation d'horreur, lorsqu'il lui est présenté par le pôle sud.

Il faut mentionner, sans commentaires, ces *délices* et cette *horreur* produits sur le médium par chacun des pôles de l'aimant ; il faut constater également, sans les discuter, les aigrettes lumineuses et les étincelles que le médium prétend tirer avec ses doigts, du pôle nord du barreau. Pour vérifier ces deux phénomènes à la façon ordinaire des phénomènes physiques, il faudrait se faire placer soi-même en état de somnambulisme, subir les impressions produites par le barreau aimanté ; puis, se faire remettre en l'état de la vie physiologique ordinaire. Or, cela ne conduirait à rien, car la mémoire dans la période de vie physiologique ordinaire ne conserve pas de trace des phénomènes subis par l'être humain placé dans une période de vie somnambulique.

Donc pas de vérification possible au sens habituel du mot !

Pour clore la liste des curieuses propriétés de l'aimant sur le médium, il faut mentionner l'influence de la *couronne* sur le médium. La *couronne*, dans les expériences de la Charité, est une sorte de coiffure composée d'un aimant. Je ne saurais en donner une description précise : je n'ai considéré avec attention que les effets de la couronne, sans examiner attentivement la façon dont elle est composée.

La couronne se place sur la tête d'un malade ; elle y est laissée quelques minutes. Ensuite la couronne est placée sur la tête du médium. Immédiatement, ou presque immédiatement, le médium ressent les souffrances du malade.

Si le malade a la jambe droite paralysée, le médium a aussitôt sa jambe droite paralysée! Si le malade souffre de nausées, le médium est pris de nausées! Si le malade subit une névralgie de l'oreille, le médium a mal à l'oreille!

Le phénomène est des plus singuliers. Pour qu'il revête un caractère véritablement scientifique, certaines précautions ne sont pas superflues. Je vais raconter une expérience qui présente à cet égard des garanties particulières. Je n'y ai pas assisté : elle m'a été racontée par le docteur P... qui en avait été témoin.

J'avais rencontré le docteur P... par une belle matinée d'octobre, après avoir assisté à la séance de la clinique de la Charité du 30 septembre. Je lui avais communiqué mon sentiment sur l'intérêt des expériences de la Charité. Ces jours derniers, c'est le 7 novembre, j'ai revu le docteur P...; je lui ai demandé s'il avait eu le loisir, pendant son court séjour à Paris, de se rendre à la clinique de la Charité. Sa réponse fut affirmative : il me raconta, entre autres expériences, celle que je vais rapporter.

Parmi les curieux, assistant en même temps que le docteur P... à la clinique du docteur Luys, se trouvait un médecin aux cheveux blancs, décoré de la rosette d'officier de la Légion d'honneur : le docteur Luys l'appelait : *Mon cher maître.* Le portrait que m'en traça le docteur P... me fait présumer que ce devait être le docteur Hérard, celui-là même qui avait assisté en même temps que moi à la séance du 30 septembre, et qui poursuivait sans doute ses observations. Le docteur P... me raconta le phénomène improvisé sous ses yeux par le docteur Hérard. Après que l'expérience de la *couronne* eut été opérée sur divers malades dans la chambre même où se trouvait le médium, le docteur Hérard se rendit, avec l'assentiment du docteur Luys, dans une salle éloignée de la chambre où se passait la clinique. Là, hors des regards du médium, du docteur Luys, du personnel de la clinique, le docteur Hérard appliqua la *couronne* sur un malade choisi par lui dans un des trente lits de la salle. Il lut rapidement le diagnostic de l'affection pour laquelle était traité le malade : il reporta aussitôt la *couronne* à la salle de clinique.

La *couronne* ayant été placée sur la tête du médium, celui-ci se trouva aussitôt paralysé des membres postérieurs : son attitude devint immédiatement celle du malade *couronné* par le docteur Hérard :

c'était, en effet, pour une paralysie des membres postérieurs que le malade en question était soigné à la Charité ! Inutile d'ajouter que les affections des autres malades de la salle visitée par le docteur Hérard étaient différentes.

Pour un sceptique, cette expérience est beaucoup plus probante que celle du transfert par les passes de l'aimant. En effet, dans le *transfert par la couronne*, le médium ne *voit* pas le malade ; il en est séparé par des cloisons, par des murs, par des salles fort vastes ; donc pas moyen de prêter aux yeux du médium une pénétration aidant à deviner l'affection dont souffre le malade.

Ce qui est encore plus extraordinaire, c'est que le *transfert par la couronne* guérit les affections nerveuses, les névralgies, les gastralgies, les paralysies, de la même manière que le transfert par les passes du barreau aimanté.

Expliquer pareille cure est singulièrement ardu : comment le déplacement d'une calotte d'acier sur la tête du malade, puis sur la tête du médium, peut-il provoquer une cure ? Cela paraît inexplicable : *pourtant cela est !*

Une question même est à poser. La seconde partie de l'opération, poser la couronne sur la tête du médium, est-elle bien indispensable à la cure ? C'est la question que l'on est amené à examiner, car on ne comprend pas bien le rôle du *malade* dans cette seconde partie de l'opération à laquelle il *paraît* ne prendre aucune part.

Un courant fluidique est-il établi entre le malade et la couronne ? Une fois la couronne sur la tête du médium, ce courant continue-t-il son action, même à distance, même à travers une centaine de mètres séparant le médium et le malade ? Mystère ! Il semble pourtant qu'il doive en être ainsi. Cette expérience de la couronne est des plus étonnantes parmi les phénomènes singuliers qu'offre la clinique de la Charité.

Je place la cure *par la couronne* beaucoup au-dessus de la cure par les *passes de l'aimant*, car elle n'exige rien de désagréable de la part du malade qui s'y soumet : point n'est besoin *avec la couronne* de tenir le médium par les mains, de subir les secousses de ses bras.. L'incarnation du médium dans le malade se produit sans désagrément *apparent*, sans même que le malade s'en doute, car rien de plus aisé que de lui placer la couronne sur la tête sans qu'il puisse soupçonner les singuliers effets de l'opération.

Encore une fois ! l'expérience que je viens de rapporter a eu lieu au mois d'octobre 1890, en présence de médecins qui méritent créance quand ils estiment l'expérience conduite d'après les règles scientifiques. Chacun peut d'ailleurs recommencer l'épreuve avec un malade de son choix ; chacun peut vérifier la conformité du dire du médium après imposition de la couronne, sans que le docteur Luys, sans que son chef de clinique, sans qu'aucun des opérateurs de la Charité ait vu le malade. C'est marquer combien l'expérimentation est loyale, combien elle est ouverte à tous.

Pour les gens qui peuvent apprendre autrement que par les yeux, et qui ont assez de jugement pour analyser eux-mêmes ce que le récit d'expériences complexes présente de vrai, de douteux, de téméraire, il est une infinité de sources auxquelles leur curiosité peut trouver de quoi se désaltérer.

J'ai lu un ouvrage du docteur Paul Gibier intitulé : *Analyse des choses* ; je ne conseille pas sa lecture à tout le monde ; rien que le sous-titre du livre : *Essai sur la science future*, son influence sur les religions, les philosophies, les arts, suffira à bien des gens pour jeter le livre avec ennui.

Le livre du docteur Gibier mérite d'être lu par les médecins et, en général, par les savants qui désirent *voir clair*. Qu'il y ait des réserves à formuler sur la *Physiologie transcendantale* du docteur Gibier, cela n'est pas douteux. Mais il y a beaucoup à retenir.

La première partie du livre est l'ETUDE DU MACROCOSME. Voilà un mot que maint lecteur n'a jamais lu. Je suis quelque peu embarrassé pour le définir. Le Dictionnaire de Larousse ne contient pas ce terme. C'est en effet un vieux mot : il signifie *le grand monde, l'univers*, par opposition au microcosme, qui est *le monde abrégé, l'homme*. L'antithèse est dans les deux adjectifs grecs MACROS et MICROS : le premier équivaut à *grand*, tandis que le second correspond à *petit*.

La seconde partie du livre est l'ETUDE DU MICROCOSME. Je me borne à indiquer la seconde partie comme la première, avant de passer à la troisième partie : *Recherche du troisième élément de l'univers et de l'homme.* Je glisse sur les trois premiers chapitres qui ouvrent les matières contenues dans cette dernière partie : le troisième de ces chapitres se termine par le récit de *rêves* où furent perçus soit des événements futurs soit des événements actuels produits à dix lieues, à cent lieues ; voici la fin de ce troisième chapitre (page 118) :

« Pour en finir avec les exemples d'événements perçus en songe et dont j'ai recueilli directement le récit, je vais citer le suivant qui prouverait que la distance n'existe pas pour l'esprit s'il est démontré que c'est lui qui perçoit les choses pendant les rêves ou tout au moins certains rêves que d'habitude nous distinguons très bien des autres par quelque chose dont nous ne nous rendons pas toujours compte, mais que nous sentons. Voici cette observation que j'ai recueillie dans une famille américaine amie, où je vais passer, depuis que j'habite New-York, une soirée presque chaque semaine :

« Un des fils de M. J... se trouvait en Allemagne, à l'université de Tubingue, en 1871, pour y terminer ses études. Sa famille, à New-York, venait de recevoir de bonnes nouvelles de lui, lorsqu'une nuit madame J... mère s'éveille en pleurant à la suite d'un rêve où elle avait vu son fils en grand danger de mort. Prise d'anxiété, après avoir fait de la lumière, elle réfléchissait sur le moyen d'avoir de promptes nouvelles d'une aussi grande distance, quand elle vit entrer dans sa chambre sa fille, Mlle J..., qui venait tout en pleurs également lui raconter qu'elle venait de voir son frère dans la position la plus critique : la mère et la fille avaient eu en même temps le même rêve que rien, m'assure-t-on, n'avait pu provoquer dans la conversation de la veille. Ce qui est encore plus intéressant peut-être, c'est que M. J... fils était réellement très malade au même moment à Tubingue. Fort heureusement, la jeunesse de M. J... eut le dessus et il put rentrer bientôt après dans sa famille. »

Le docteur Gibier ajoute à ce récit banal les réflexions suivantes. Il faut les citer, le docteur n'est pas le premier venu pour parler de ces choses ; ancien interne des hôpitaux de Paris, chevalier de la Légion d'honneur, il a quelque titre pour être écouté :

« Faut-il accepter l'opinion théosophique suivant laquelle *l'esprit se dégagerait en partie du corps* pendant le sommeil et *pourrait recevoir ainsi l'impression des choses* dont l'éther répercute les vibrations ? »

Cette réflexion est trop obscure pour être utilement commentée. En somme, le docteur n'admet pas, pour expliquer le rêve précédemment conté, une *coïncidence fortuite* entre le rêve et la réalité. Si rares que soient les rêves de ce genre par rapport aux milliards de rêves quotidiennement perçus par les humains, le docteur se demande s'il n'y a pas *un sens de perception à distance* s'éveillant parfois dans le sommeil, tandis qu'il dort profondément lorsque l'homme est éveillé.

Dans le quatrième chapitre, le docteur Gibier sort des considérations théoriques : il aborde l'examen de l'hypnotisme et de l'hypno-magnétisme (page 121) :

« Ils sont en très grande majorité ceux qui, médecins ou non, s'occupent d'hypnotisme et ignorent quel puissant moyen d'investigation psychique ils ont entre les mains. Avec l'hypnotisme ou mieux avec l'hypno-magnétisme et la suggestion *aidés d'autres agents externes ou internes,* on peut arriver à des résultats absolument extraordinaires. Non pas avec tous les sujets ni sans diététique, mais, bien entendu, en cherchant les conditions déterminées. »

Le docteur Gibier ajoute : « Par DIÉTÉTIQUE, j'entends non seulement un *régime spécial et connu,* mais une méthode particulière pour *respirer, dormir, penser et...* AIMER. Comme il n'entre pas dans les desseins de cet ouvrage d'indiquer les procédés à mettre en pratique, je m'abstiendrai d'en dire davantage. »

Plus loin, le docteur écrit ce qu'il appelle *état de dédoublement* (page 129) :

« Cet état peut se produire presque d'emblée *une fois que les sujets en ont pris l'habitude.* Dans cet état, l'aspect du sujet peut varier suivant les individus. Quelques-uns sont plongés dans un état de *mort apparente* ; d'autres sont comme *pétrifiés,* gardent les yeux grands ouverts et ont les pupilles démesurément dilatées et fixes. Ces derniers parlent quelquefois et sur des sujets, des choses ou des scènes paraissant exister au loin. Souvent on peut constater qu'il n'y a rien de vrai dans ce qu'ils racontent, ou bien il y a erreur de temps ou de lieu ;

DORMIR, PENSER ET AIMER

d'autres fois il se trouve que TOUT EST ABSOLUMENT EXACT, même dans le cas où le fait VU se passe à plusieurs lieues de distance ! Cet état pourrait être nommé *extase parlante.* »

Entre autres faits se rapportant à cet ordre d'idées, le docteur Gibier rapporte le suivant (page 142). C'est un jeune homme nommé H... qui vint, en 1887, raconter au docteur ce qui suit :

« Il y a peu de jours, je rentrais chez moi le soir, vers dix heures, lorsque je fus saisi tout à coup d'un sentiment de lassitude étrange que je ne m'expliquai pas. Décidé néanmoins à ne pas me coucher de suite, j'allumai ma lampe et la laissai sur la table de nuit près de mon lit. Je pris un cigare, le présentai à la flamme de mon carcel, et j'en aspirai quelques bouffées, puis je m'étendis sur une chaise longue. Au moment où je me laissais aller nonchalamment à la renverse pour appuyer ma tête sur le coussin du sofa, *je sentis que les objets environnants tournaient,* j'éprouvai comme un étourdissement, un vide ; puis, *brusquement, je me trouvai transporté au milieu de ma chambre.* Surpris de ce déplacement, *dont je n'avais pas eu conscience,* je regardai autour de moi et mon étonnement s'accrut bien autrement. »

J'ose à peine poursuivre la citation du docteur Gibier, tant le phénomène est contraire aux faits de la vie ordinaire ! « Tout d'abord, *je me vis étendu* sur le sofa, mollement, sans roideur, seulement ma main gauche se trouvait élevée au-dessus de moi et tenait mon cigare allumé dont la lueur se voyait dans la demi-obscurité produite par la pénombre de ma lampe. La première idée qui me vint fut que je m'étais sans doute endormi et que ce que j'éprouvais était le résultat d'un rêve. Néanmoins, je m'avouais que jamais je n'en avais eu de semblable et qui me parût si intensivement la réalité. Aussi me rendant compte qu'il ne pouvait être question d'un rêve, la deuxième pensée qui se présenta soudainement à mon imagination fut que j'étais mort. Et en même temps, je me rappelai que j'avais entendu dire qu'il y a des esprits et je pensai que j'étais devenu esprit moi-même. Tout ce que j'avais pu apprendre sur ce sujet se déroula longuement, mais en moins de temps qu'il n'en faut pour y songer, devant ma vue intérieure.

Je me souviens très bien d'avoir été pris alors comme d'une sorte d'angoisse et de regret de choses inachevées ; ma vie m'apparut comme dans une formule... »

Cette sorte d'hallucination est si étrange qu'on a scrupule de la prendre au sérieux. Toutefois, nous poursuivrons la relation : si le docteur Gibier a ajouté foi au dire de son interlocuteur, il est présumable que ce dire lui paraissait dans des conditions de sérieux et de sincérité qu'il convient de ne pas discuter.

« Je m'approchai de moi ou plutôt de mon corps *ou ce que je croyais être déjà mon cadavre*. Un spectacle que je ne compris pas tout de suite appela mon attention : *je me vis respirant*, mais, de plus, *je vis l'intérieur de ma poitrine*, et mon cœur y battait lentement, par faibles à-coups, mais avec régularité. *Je voyais mon sang, rouge de feu*, couler dans de gros vaisseaux. A ce moment, je compris que je devais avoir eu une syncope d'un genre particulier, à moins que les gens qui ont une syncope, pensai-je à part moi, ne se souviennent plus de ce qui leur est arrivé pendant leur évanouissement. *Et alors je craignis de ne plus me souvenir quand je reviendrais à* moi... Me sentant un peu rassuré, je jetai les yeux autour de moi, en me demandant combien de temps cela allait durer ; puis je ne m'occupai plus de mon corps, de *l'autre moi* qui reposait toujours sur sa couche. Je regardai ma lampe qui continuait à brûler silencieusement, et je me fis cette réflexion qu'elle était bien près de mon lit et pourrait communiquer le feu aux rideaux : je pris le bouton, la clef de la mèche pour l'éteindre, mais là encore, nouveau sujet de surprise ! *Je sentais parfaitement le bouton avec sa molette*, je percevais pour ainsi dire chacune de ses molécules, mais *j'avais beau tourner avec mes doigts*, ceux-ci seuls exécutaient le mouvement, et c'est en vain que je *cherchais à agir sur le bouton.* »

Ce récit est long ; toutefois, convient-il de le poursuivre : le docteur Gibier a causé avec l'auteur du récit ; il a pu peser son degré de sincérité ; il a cru bon de pousser jusqu'au bout la relation de ce singulier phénomène :

« Je m'examinai alors moi-même et vis que *bien que ma main pût passer au travers de moi*, je me sentais bien le corps qui me parut, si ma mémoire ne me fait pas défaut sur ce point, *comme revêtu de blanc*. Puis, je me plaçai devant mon miroir, en face de la cheminée. Au lieu de voir mon image dans la glace, je m'aperçus que ma vue semblait s'étendre à volonté et le *mur d'abord*, puis la partie postérieure des tableaux et des meubles qui étaient chez mon voisin et *ensuite l'intérieur de son appartement* m'apparurent. Je me rendis compte de *l'absence de lumière* dans ces pièces où *ma vue s'exerçait pourtant*, et je perçus très nettement comme *un rayon de clarté qui partait de mon épigastre* et éclairait les objets. »

L'hallucination est curieuse en ce qu'elle enregistre une succession de phénomènes nets et précis. Que le lecteur soit indulgent pour la bizarrerie de ces citations! Qu'il s'arrête, s'il est agacé par l'incohérence de ces dires. Si cela est reproduit, c'est eu égard à l'autorité du docteur Gibier, qui a donné à ces dires l'hospitalité de son livre : c'est ce qui en fait la principale valeur.

« *L'idée me vint* de pénétrer chez mon voisin, que d'ailleurs je ne connaissais pas et qui se trouvait absent de Paris à ce moment. *A peine avais-je eu le désir* de visiter la première pièce, que je m'y trouvai transporté. Comment ? *je n'en sais rien*, mais il me semble que j'ai dû traverser la muraille aussi facilement que ma vue la pénétrait. Bref, *j'étais chez mon voisin pour la première fois de ma vie.* J'inspectai les chambres, me gravai leur aspect dans la mémoire et me dirigeai ensuite vers une bibliothèque ou je remarquai tout particulièrement plusieurs titres d'ouvrages placés sur un rayon à hauteur de mes yeux. *Pour changer de place, je n'avais qu'à vouloir* ; et, sans effort, je me trouvais là où je devais aller. »

Le récit de l'hallucination poursuit de façon à donner une impression violente si l'on se figure à la place de l'halluciné.

« A partir de ce moment, mes souvenirs sont très confus : je sais que j'allai loin, très loin, *en Italie, je crois ;* mais je ne saurais donner l'emploi de mon temps. C'est comme si, *n'ayant plus le contrôle de moi-même*, n'étant plus maître de mes pensées, je me trouvais transporté ici ou là, *selon que ma pensée s'y dirigeait.* Je n'étais pas encore sûr d'elle et elle me dispersait en quelque sorte avant que j'aie pu la saisir : *la folle du logis, à présent, emmenait le logis avec elle.* Ce que je puis ajouter, en

JE N'AVAIS QU'A VOULOIR 71

terminant, c'est que je m'éveillai à cinq heures du matin, roide, froid sur mon sofa et *tenant encore mon cigare inachevé entre les doigts*. Ma lampe s'était éteinte ; *elle avait enfumé le verre*. Je me mis au lit sans pouvoir dormir et fus agité par un frisson. Enfin, le sommeil vint. Quand je m'éveillai, il était grand jour. »

Le narrateur ajoute encore :

« Au moyen d'un innocent stratagème, le jour même, j'induisis mon concierge à aller voir dans l'appartement de mon voisin s'il n'y avait rien de dérangé et, montant avec lui, *je pus retrouver les meubles, les tableaux vus par moi la nuit précédente*, ainsi que les *titres des livres* que j'avais attentivement remarqués. Je me suis bien gardé de parler de cela à personne dans la crainte de passer pour *fou ou halluciné.* »

La présomption scientifique en faveur de la non-hallucination de M. H... est l'identité des *meubles, des tableaux, des titres de livres* perçus pendant la nuit et des mêmes objets vus le lendemain. Ce peut être une preuve pour M. H... ; ce peut être un argument pour le docteur Gibier, s'il a *foi* en la sincérité de M. H..., c'est seulement *une ombre de preuve* pour le lecteur qui ne connait pas M. H..., qui ne connait pas personnellement le docteur Gibier.

Le docteur Gibier rapporte que, son récit terminé, M. H... lui adressa la parole en ces termes : « Que pensez-vous de cela, docteur? » Il est intéressant de peser la réponse du docteur. La voici :

« A l'époque où M. H... vint me faire part de cet *accident*, je savais déjà que *les choses peuvent se passer ainsi qu'il le racontait* et j'en connaissais en partie les raisons ; je regardai néanmoins mon interlocuteur dans le fond des yeux, pour savoir *s'il n'avait pas l'intention de me mystifier* : il était très sérieux et paraissait très préoccupé de ce qui lui était arrivé. »

Ces réserves indiquent la difficulté de croire à un récit de ce genre, *sur la seule foi de son auteur*, quand on n'est pas de son intimité ; comment établir le critérium séparant le mystificateur de l'homme convaincu? C'est chose presque impossible.

Enfin, le docteur Gibier crut avoir affaire à un homme convaincu :

« Je lui expliquai alors que, *selon toute vraisemblance*, il était doué de *facultés réellement extraordinaires* et qu'il ne tenait qu'à lui de les *développer*. Je lui indiquai dans ce but un *régime à observer* qu'il me promit de suivre rigoureusement, et nous prîmes pour la quinzaine suivante un rendez-vous. »

Quelles furent les conséquences de ce beau début ? une désillusion amère pour le docteur !

« Il y fut fidèle, mais hélas ! il venait m'annoncer qu'il était sur le point de se marier et qu'il ne pouvait se consacrer à aucune autre expérience qu'à celle de la vie conjugale, ce qui, comme on le sait, est défavorable à l'obtention des facultés d'*abmatérialisation autonome.* »

Cette assertion du docteur Gibier est à retenir : elle reviendra plus d'une fois dans son livre.

Dans le cinquième chapitre de l'*Analyse des Choses*, le docteur Gibier formule cet historique de la question *animique* (page 157) : « Le premier degré d'*extériorisation de la force animique* sous l'influence de la volonté a été mis en évidence par le docteur *Barély*, qui a donné à cette force le nom de *force neurique rayonnante*. Lorsqu'on se trouve dans l'obscurité auprès d'une personne *dont la force animique s'abmatérialise* en abondance, *on peut la voir flotter* sur les vêtements de l'individu dont elle émane et principalement *au niveau de la région épigastrique* ou des gros troncs artériels, sous forme de matière vaporeuse et lumineuse. »

Voilà une observation curieuse, confirmée dans les lignes suivantes : « J'ai eu maintes fois l'occasion de voir chez des *sujets bien doués* le dégagement de cette force et sa *condensation en plein jour* sous une forme ou sous une autre. » Le docteur compare l'aspect de la force neurique à l'*état vésiculaire* qui précède l'état liquide de l'acide carbonique, lorsqu'il est liquéfié sous pression dans un tube de verre.

Le docteur Gibier formule (page 159) des réflexions qui ne sauraient être trop méditées : « Les médiums ne sont pas les seuls à développer cette force animique, à l'extérioriser : d'autres *extériorisants* bien supérieurs aux médiums peuvent exister et existent réellement. Seulement, à l'inverse de ces derniers, ils ne laissent aucune influence étrangère diriger leur *corps astral*, c'est-à-dire leur force animique extériorisable. C'est leur propre esprit qui la dirige. »

Ce qui suit mérite encore d'être lu avec attention :

« Le médium spirite, au contraire, est le plus souvent le *jouet* ou tout au moins l'*instrument d'influences occultes* parfois très inférieures sinon *très mauvaises* ; pour ma part, j'en ai vu des exemples *frappants*. » Avis aux curieux qui jouent avec le feu, en se livrant légèrement à l'étude des phénomènes spirites ! « De plus, étant un être essentiellement passif, le médium est non seulement dirigé par des *influences étrangères occultes, bonnes, mauvaises ou indifférentes*, mais il peut être dominé, guidé, entraîné par ses propres mauvaises passions. »

Le docteur touche ici un point très délicat et des plus instructifs :

« Mal contenus par la volonté, qui prend l'habitude d'abdiquer au profit d'une passivité nécessaire à la production des phénomènes, *les besoins de son corps physique*, énervé par des pertes successives d'énergie animique, *ne peuvent que difficilement être réfrénés*. »

Ce dernier trait fait songer à certain volatile de la fable. *Je ne sais pour quelle cause je ne distingue pas très bien ; le* docteur Gibier *n'a pas allumé sa lanterne* en traçant cette phrase ; il y a du vague et de l'indéterminé dans ces *besoins qui ne peuvent être réfrénés*, si bien que le lecteur ne saurait clairement comprendre. Enfin ! passons : « Aussi, à part quelques exceptions des plus honorables, voit-on généralement le même médium produire les phénomènes *psychiques* les plus authentiques, les moins discutables à côté de tricheries odieuses et parfois grossièrement dissimulées. »

Cela est fort instructif sous la plume du docteur Gibier, un des savants qui ont le mieux pratiqué et observé les médiums.

« J'ai connu un médium, jeune homme très honnête, ne faisant pas métier de sa *médiummité* et avec lequel on observait divers phénomènes de *lévitation* et de mouvements d'objets tout à fait réels. Il m'a avoué que maintes fois *il s'était senti comme poussé à ajouter quelque chose à* ce qu'il produisait ; il avait une *envie violente de simuler un phénomène quelconque*, alors qu'il pouvait avec ses facultés naturelles obtenir mieux. »

Le docteur Gibier est aux antipodes d'un théologien catholique au sujet des vérités révélées ; à la page 245 de son livre, il formule une opinion qui établit péremptoirement ses convictions antireligieuses. Aussi convient-il de relever dans la présente assertion du savant une curieuse identité avec la doctrine des théologiens catholiques sur les phénomènes analogues à ceux qu'il décrit.

« Analysant cette sorte d'impulsion, il me disait qu'elle naissait pour une part du *désir d'étonner les assistants* ; pour une autre part, *du désir de tromper son semblable, de lui faire un bon tour* ; en troisième lieu, de la crainte de la fatigue, car après des séances où des phénomènes intenses ont été obtenus, les médiums sont parfois exténués ; mais *il ajoutait que quelqu'autre cause dont il ne se rendait pas compte* (sans doute d'une nature impulsive), se joignait à toutes les précédentes et *se faisait sentir plus pressante*. Il m'assurait d'ailleurs qu'*il avait toujours résisté à la tentation.* »

Quelle est cette cause additionnelle? cette force mystérieuse dont le médium ne se rend pas compte? cette tentation à laquelle il affirme avoir toujours résisté? Le docteur Gibier la laisse dans l'ombre ou ne peut que la contater, sans insister sur le motif.

Après avoir reproduit une partie des renseignements curieux contenus dans l'*Analyse des Choses*, voici quelques arguments *personnels* du docteur Gibier (page 216).

« Malgré le soin que j'ai eu d'avertir le lecteur que dans cet essai j'irais droit au fait, sans précautions préliminaires, je dois, cependant, *dans le cas où ces études seraient complètement inouïes pour lui*, m'excuser d'avoir donné sans avertissement un assaut aussi soudain à ses convictions ou à ses connaissances journalières. Cependant, ainsi qu'on a pu en faire la remarque, je ne me suis occupé jusqu'ici d'aucune opinion religieuse ; de cette manière on ne m'accusera de favoriser ni d'attaquer aucune croyance. »

Le docteur complète sa pensée en ces termes : « Aucun de ceux qui croient avoir le *monopole des choses vraies* en matière religieuse ou philosophique, ne saurait voir du mauvais œil une *tentative d'exploration du côté de la vérité*. L'homme convaincu et sincèrement attaché à ce qu'il croit être l'expression de cette vérité ne peut, au contraire, que souhaiter la réussite d'une semblable entreprise et la considérer comme devant être un *auxiliaire pour ses convictions*. Le vrai ne doit rien avoir à redouter de l'examen. »

Cette déclaration de principes n'est pas inutile, non plus que celle qui suit : Je me borne à *étudier les faits* et je tâche d'en découvrir les *conséquences*. Je prie le lecteur de croire que je ne parle que de ce que je connais par *l'observation* ou *l'expérimentation*. J'ai bien quelque droit à prétendre que ni l'une ni l'autre ne m'est étrangère : *comme médecin*, c'est-à-dire, observateur par destination, *j'exerce mes facultés d'observation depuis plus de vingt ans*, dont la meilleure part s'est passée dans les hôpitaux de Paris. *Comme expérimentateur*, j'ai dirigé effectivement pendant plusieurs années le *laboratoire de Pathologie expérimentale et comparée* du Muséum d'histoire naturelle de Paris où, parmi de nombreuses recherches, il m'a été donné de démontrer dans des expériences délicates que les animaux à sang froid, comme les batraciens et les poissons, peuvent contracter certaines maladies des animaux à sang chaud (le charbon bactéridien), qui ne les atteignent pas d'ordinaire, à condition d'élever leur température à un degré voisin de celle des mammifères en les faisant vivre dans l'eau chaude (Académie des sciences. — 1882). »

Ce plaidoyer *pro domo sua* n'est pas sans intérêt : il n'y a pas en France une douzaine d'observateurs et d'expérimentateurs pouvant présenter des titres comparables à ceux du docteur Gibier.

Le docteur Gibier poursuit en ces termes l'énumération des titres scientifiques qui le mettent hors de pair :

« J'ai montré ce fait intéressant que les **oiseaux peuvent contracter la rage**, la transmettre à des mammifères, plusieurs semaines après avoir été inoculés, et guérir cependant d'une manière spontanée (*Académie des Sciences*, 1884). Du même coup, j'ai expérimentalement démontré que la rage ne récidive pas une fois guérie, car les oiseaux inoculés une première fois ne deviennent pas une deuxième fois hydrophobiques, si on les soumet à une deuxième inoculation. J'ai signalé, le premier, les germes ou microbes du *pemphigus aigu* et ceux de la rage : le mémoire que j'ai publié sur l'ensemble de mes travaux sur la rage et son traitement a reçu de la *Faculté de médecine de Paris* la plus haute récompense qu'elle accorde aux thèses qui lui sont présentées (1884). »

Nous ne suivrons pas le docteur Gibier dans l'énumération des missions qui lui furent confiées par le gouvernement français, notamment en Floride, en 1889, pour étudier la fièvre jaune. Ce qui a été cité suffit pour justifier le degré de créance mérité par l'assertion du docteur (page 219) :

« Ce n'est qu'après avoir observé le phénomène de *l'écriture directe* au moins *cinq cents fois* que je me suis décidé à publier mes recherches. De plus, j'étais absolument fixé sur le compte d'une quantité de faits de même nature et bien plus extraordinaires en apparence. Ajouterai-je que pendant cinq années, avant d'être inscrit à la Faculté de médecine, *j'ai étudié techniquement la mécanique*, ce qui ne saurait nuire pour deviner les *trucs*, et que j'ai voulu m'initier aux artifices des prestidigitateurs. Je dois, en effet, confesser que j'ai quelque peu fait de la prestidigitation, *afin de mieux être à même de saisir la fraude* dans le cas où cela aurait été nécessaire. »

Qu'est-ce que *l'écriture directe ?* Je n'ai pas encore eu l'occasion de m'occuper de ce phénomène : je dois dire que je ne connais pas ce genre de faits pour en avoir été témoin. Le docteur Gibier en parle, comme l'ayant *observé plus de cinq cents fois*, il n'est donc pas inutile d'en dire quelques mots. C'est, d'ailleurs, un phénomène de magie dans la plus haute acception du mot : ce phénomène rentre donc dans les matières qui font l'objet spécial de cette étude.

Voici une lettre écrite en 1886 au docteur Gibier par un rédacteur du *Journal des Débats*, nommé Harry Alis. Ce document présente un certain intérêt : le voilà dans sa teneur.

JOURNAL DES DÉBATS
POLITIQUES ET LITTÉRAIRES
Rue des Prêtres-St-Germain-l'Auxerrois, 17

Paris, le 21 novembre 1886.

M. le docteur Paul Gibier, Paris.

Cher docteur,

J'ai assisté hier soir avec MM. Patinot, André Hallays et une quatrième personne, aux expériences de M. Slade, *dans des conditions qui éloignent toute hypothèse de supercherie.*

Tandis que je tenais les yeux fixés sur les pieds du médium, nous avons entendu et *j'ai senti* à deux reprises deux coups frappés contre le pied de ma chaise.

M. Slade a renouvelé avec succès l'expérience des ardoises transportées sous la table. MM. Patinot, Hallays et le quatrième spectateur ont senti d'abord *une sorte de souffle froid,* puis l'ardoise leur a été apportée doucement dans la main.

M. Slade a répété de diverses façons l'expérience de l'écriture entre les ardoises. *Nous avons acquis la conviction que le phénomène était réel.* A un moment, M. Slade tenait l'ardoise sous la table, mais *distante de celle-ci de cinq ou six centimètres,* et on entendait écrire. Une parole de l'un des spectateurs fit tourner la tête au médium qui, *par un mouvement nerveux involontaire,* avança l'ardoise sous mes yeux. Durant cette échappée, que j'évalue à deux ou trois secondes, JE VIS LE CRAYON SEUL COURIR RAPIDEMENT SUR L'ARDOISE EN TRAÇANT DES CARACTÈRES, environ la valeur de *trois ou quatre lettres.*

Presque aussitôt, trois coups étaient frappés, et M. Slade, retirant l'ardoise, nous montrait les mots écrits.

Bien cordialement à vous et, de nouveau, tous nos remerciements.

Harry ALIS.

Cette lettre d'un rédacteur du *Journal des Débats* suggère une idée de ce qui est qualifié *écriture directe* par les gens qui s'occupent de magie et en particulier par le docteur Gibier. L'expérience relatée dans le document précédent mentionne quatre spectateurs. C'est peu : encore cela suffit-il pour donner au phénomène une garantie positive d'exactitude. Le signataire de la lettre était accompagné de M. Patinot, directeur du *Journal des Débats*, de M. André Hallays, rédacteur du même journal, et d'une quatrième personne qui a eu peur de se compromettre en laissant imprimer son nom dans une lettre relative à une expérience de ce genre !

Cette lâcheté du curieux est un fait des plus communs dans cette sorte d'expériences ; la crainte du *qu'en dira-t-on ?* interdit à la majorité des gens de convenir franchement et publiquement de leurs impressions. On est le plus souvent *mouton de Panurge :* on suit l'opinion ordinaire ; on obéit à la routine ; on craindrait de se laisser blaguer par des connaissances, si l'on convenait avoir assisté à une expérience de ce genre, si l'on avouait avoir été dupe des prestiges d'un médium ! Le quatrième spectateur de l'expérience rapportée par M. Harry Alis est le type de milliers et de milliers de spectateurs qui ont pour principale préoccupation le souci du *cant,* de la *respectability.*

Il a été publié, vers la fin de l'année 1887, un ouvrage intitulé *Le Merveilleux et la Science.* L'auteur de ce livre est un docteur en théologie, professeur à la Sorbonne ; il s'exprime ainsi dans sa préface, qui est datée du 24 décembre 1887 :

« J'ai étudié ce problème vaste et mystérieux de l'hypnotisme avec l'attention qu'il mérite : *les pensées tristes qu'il soulève ne m'ont pas arrêté.* J'adresse ici mes remerciements à M. le docteur Babinski, chef de clinique de M. Charcot à la Salpêtrière, et à M. Bernheim, professeur à la Faculté de médecine de Nancy. *Ils m'ont permis de suivre leurs expériences, de me rendre compte des faits, d'éviter les sur-*

prises inexpérimentées de ceux qui n'ont étudié l'hypnotisme que dans les livres : *malgré les différences profondes d'opinion et de croyance qui nous séparent*, ils ont bien voulu me donner les conseils précieux de leur expérience avec la courtoisie qui convient aux hommes de science. »

Il est intéressant de noter l'opinion de l'abbé Elie Méric sur ces phénomènes; cette opinion est résumée dans les 14 pages qui terminent le volume (pages 429 à 442); en voici le début :

« Les phénomènes magnétiques appartiennent-ils à l'ordre naturel? Faut-il les attribuer à l'activité de notre âme qui, sous l'action d'une cause découverte aujourd'hui, révélerait par des coups d'éclat une puissance inconnue et cachée jusque-là dans son sein? »

L'abbé Méric répond affirmativement pour ce qui touche les phénomènes élémentaires; il répond négativement pour un certain nombre de phénomènes extraordinaires.

Voici la réponse de l'abbé Méric (page 434) :

« Au quatrième degré, nous relevons des faits qui sont en opposition manifeste avec

les lois de la *physique*, de la *psychologie* et de la *physiologie* ; nous sommes enfermés dans cette *alternative* ou de nier *l'harmonie de l'univers*, la permanence des lois de la nature, la *limite assignée aux forces de l'homme*, ou de reconnaître l'*intervention manifeste d'un agent préternaturel.* »
Voilà qui est net comme opinion ; voici maintenant les raisons de l'abbé Méric pour formuler ce sentiment :

« Quand je vois une femme endormie lire dans mon entendement et révéler clairement les pensées que je m'efforce de cacher par un effort énergique de la volonté, je dis : *les lois fondamentales de la connaissance humaine sont ouvertement violées.* »

C'est un jugement tranchant ; l'abbé Méric y ajoute le suivant :

« Quand je constate scientifiquement, *comme je l'ai fait*, et comme d'autres l'ont fait avant moi, que cette femme hypnotisée raconte avec clarté, assurance, *exactitude irréprochable*, ce que fait à cent lieues d'ici une personne inconnue pour elle, que je me contente de lui désigner, je dis : une loi *physiologique est violée*: L'HOMME NE VOIT PAS ET NE PEUT PAS VOIR NATURELLE-

MENT A CETTE DISTANCE; il y a donc un AGENT PRÉTERNATUREL qui éclaire intérieurement et mentalement cette femme et qui fait apparaitre à son imagination, accidentellement obsédée et plongée dans un état mystérieux, l'image de la ville, de la maison, de la personne dont elle me donne la description véridique. Cette femme ne devine pas, elle regarde; *aucune explication naturelle ne peut rendre compte de ce fait.* »

Il est fâcheux que l'abbé Méric n'ait pas consigné, dans ses menus détails, l'expérience scientifique dont il prend acte dans les lignes précédentes. Cette expérience parait, en effet, plus extraordinaire que toutes celles qui ont été publiées par les savants.

Enfin, supposons un instant cette expérience scientifiquement conduite; dans ce cas, le raisonnement de l'abbé Méric est-il rigoureux? Hum! hum! l'agent préternaturel qui éclaire intérieurement le médium peut fort bien être un *agent innommé,* une variété du fluide qui coule dans les fils du télégraphe et du téléphone, agent naturel qui se manifeste par des effets *sui generis.* Quant à affirmer que ce fluide soit *préter-*

naturel; quant à épiloguer sur le mot préternaturel; cela est chose aisée; mais à quoi bon?

L'abbé Méric écrit ensuite :

« Quand je vois enfin une femme s'endormir au commandement mental de son magnétiseur, *quoique celui-ci se trouve à une distance de plusieurs lieues*, alors qu'elle ne peut absolument ni le voir, ni l'entendre, ni pressentir et deviner sa pensée, je le déclare hautement : *il m'est impossible d'expliquer cette connaissance claire, précise, autrement que par une action particulière d'un agent préternaturel*, et je signale aux rationalistes cette dérogation éclatante aux lois connues de l'ordre naturel. »

L'abbé Méric omet, cette fois encore, de spécifier l'expérience scientifique où il a vu une femme endormie par un *magnétiseur placé à une distance de plusieurs lieues*. Enfin, admettons un instant les détails de cette expérience pour établis : le raisonnement de l'abbé Méric est-il strict ? Il faudrait beaucoup de bonne volonté pour l'admettre. Autant vaudrait convenir que les gens du siècle dernier auraient eu raison de qualifier *agent préternaturel* le fluide mystérieux qui permet aujourd'hui, sinon de voir à cent lieues, tout au moins d'entendre à cent lieues la voix d'un ami. Ce que l'abbé Méric appelle une dérogation éclatante aux *lois connues* de l'ordre naturel peut-il être une application toute simple *de lois inconnues* de l'ordre naturel? Bien malin qui prétendrait prouver que non !

Quoi qu'il en soit, l'abbé Méric soutient comme nécessaire à l'accomplissement de trois phénomènes précis l'intervention d'un agent préternaturel. Les bases de son jugement sont fragiles : nous citons encore pour mémoire le faible argument qu'il ajoute aux lignes déjà citées :

« Les vaines hypothèses imaginées par les partisans des fluides *indéfinis et indéfinissables*, ou par les partisans d'une force neurique rayonnante *dont on n'a jamais pu constater l'existence certaine*, manquent de base et n'expliquent rien. D'ailleurs, l'hypothèse surannée des fluides a disparu devant la théorie plus sévère des vibrations. »

Les explications actuelles sont plus ou moins en défaut pour faire comprendre le mécanisme du phénomène ; cela est évident! Faut-il pour cela conclure à l'intervention d'un agent préternaturel? Non! Cette réponse est tout aussi évidente! Est-ce à dire qu'il n'existe pas d'agent préternaturel? Pas le moins du monde! Mais l'intervention d'un pareil agent n'est pas nécessaire pour expliquer les trois phénomènes cités par l'abbé Méric comme impliquant l'action de cet agent.

Le docteur Gibier admet franchement l'existence d'agents préternaturels; il explique naturellement les trois phénomènes cités par l'abbé Méric sans intervention de ces agents. Si les agents préternaturels interviennent dans les expériences du docteur Gibier, c'est à propos de phénomènes beaucoup plus bizarres, beaucoup plus fugaces, tels que *l'écriture directe*, tels que les *lévitations*. Papus croit absolument à l'existence d'agents préternaturels : toutefois, il ne voit pas leur intervention se manifester dans les trois phénomènes cités plus haut, d'après l'abbé Méric.

Le docteur Gibier explique ces trois phénomènes d'une façon analogue à celle de M. H..., témoin de son propre dédoublement, se promenant à travers les rues, se rendant de Paris en Italie, aller et retour, entre dix heures du soir et cinq heures du matin ! Dans ce phénomène, rien de préternaturel, au sens théologique du mot ; tout simplement une aptitude de l'être humain à se dédoubler et à jouir de propriétés extraordinaires !

Le docteur Gibier constate l'intervention de ce que l'abbé Méric appelle le *démon*, et de ce que le docteur Gibier appelle des *intelligences inférieures*, des esprits malfaisants, des *larves*, quand il s'agit de phénomènes de magie transcendante. Est-ce à dire que ces *esprits malfaisants*, ces démons soient absents pendant les phénomènes de magie d'hôpital ? Pas le moins du monde ! mais, absents ou présents, ces esprits ne manifestent ni leur absence ni leur présence ; les phénomènes se passent scientifiquement et logiquement, tandis que quand les *larves* ou démons révèlent leur présence dans les phénomènes de magie transcendante, c'est pour bouleverser l'ordre des phénomènes en rompant le cours ordinaire de l'expérience.

Pour comprendre la séparation de la magie d'hôpital d'avec la magie transcendante, pour saisir clairement la différence des expériences où les démons se mêlent aux phénomènes avec les expériences où les démons y sont indifférents, il suffit de lire le récit d'une mésaventure survenue au docteur Gibier (page 189) :

« Dans le cours de mes nombreuses expériences, surtout au début, il m'est arrivé à moi-même plusieurs *aventures plus ou moins désagréables*, dont l'une faillit tourner au *tragique*. Non pas que j'aie jamais fait *aucune expérience dans l'obscurité* : c'est une manière de procéder que j'ai toujours repoussée. Tout ce qui m'est arrivé de fâcheux s'est passé *en pleine lumière*. Un jour, après m'être permis quelques *observations ironiques* sur les opinions formulées par un *esprit* grossier qui se manifestait au moyen d'une table, je crus un moment avoir la *rotule brisée* par le choc violent du rebord de ce meuble qui fut brusquement projeté vers moi. Interrogée, la *larve* répondit affirmativement quand on lui demanda si elle avait eu l'intention de me faire mal. »

Si l'on ajoute foi au dire du docteur Gibier, et, en vérité, pourquoi douter ? le démon à la main lourde, quand il projette le rebord d'une table sur la rotule d'un docteur assez osé pour le plaisanter !

Cette mésaventure est médiocrement intéressante ; le docteur Gibier en subit une beaucoup plus sérieuse. « C'est surtout dans une circonstance que je n'oublierai jamais, dussé-je vivre mille ans ! que je vis de près *l'immense danger auquel on s'expose dans ces sortes d'études, si l'on n'a le soin de s'instruire des conditions voulues dont il ne faudrait jamais se départir.* Je dois avouer qu'en ce moment je me livrais aux recherches psychiques avec un certain sans-gêne, *traitant le sujet ainsi qu'un autre et le considérant comme une partie quelconque de la physiologie.* Mais depuis lors, j'ai appris qu'il fallait *procéder autrement et user de certaines formes*, sans lesquelles un expérimentateur non prévenu pourrait éprouver plus d'un grave mécompte ».

Ce trait marque assez nettement la limite qui sépare la magie d'hôpital de la magie transcendante. Ce que le docteur Gibier appelle *recherches psychiques* se rapporte en effet aux hauts phénomènes de la magie.

« Dans les derniers mois de l'année 1886, je faisais *presque chaque jour*, et principalement le soir, des expériences sur la *force animique* Deux séances furent particulièrement accidentées. Ces séances eurent lieu dans un laboratoire des vieux bâtiments de l'ancien *Collége Rollin*, transformé provisoirement dans ce temps-là en *Ecole pratique de la Faculté de médecine*. Le local que j'occupais et qui me servait de laboratoire était voisin des *amphithéâtres de dissection* de la Faculté, où à ce moment se trouvaient de nombreux *sujets*. Dans l'une des pièces de ce laboratoire même, j'avais eu quelque temps auparavant le cadavre d'un homme qui m'avait servi à des études de médecine opératoire. »

Le docteur Gibier place à cet endroit une remarque énigmatique : nous n'en chercherons pas la clef, faute de nous être lancé comme lui dans de pareilles recherches. Au lecteur de deviner cette énigme : « *Ceux qui sont au courant des questions dont je m'occupe en ce moment comprendront l'importance de ces détails.* » Le docteur veut-il laisser entendre que le voisinage des cadavres implique quelque péril particulier, quelque risque d'intervention du genre des risques que content les histoires de revenants? C'est fort possible! Mais de là à une certitude, il y a loin.

« Le médium qui m'assistait dans mes

recherches était un Américain, M. S.., dont la force animique était émise en quantité suffisante pour produire des *matérialisations* et des transports d'objets à distance, sans contact ». Nous voilà loin de la magie d'hôpital. Le transport d'objets à distance sans contact est un phénomène de *haute magie*. Jamais phénomène pareil n'est essayé à la Charité. « Un samedi soir du mois de décembre 1886, le médium, le docteur de B... et moi, nous rendîmes vers neuf heures au laboratoire de la *rue Lhomond*. Deux de mes amis, le docteur A... et M. L..., publiciste, rédacteur en chef d'une revue politique et littéraire, à qui j'avais donné rendez-vous, étaient déjà arrivés. Mon garçon de laboratoire avait préparé les objets nécessaires à l'expérience : nous nous proposions d'obtenir des empreintes dans du *plâtre gâché*, c'est-à-dire délayé et en train de durcir ».

Un mot sur ces *empreintes dans du plâtre gâché*. C'est là un des plus singuliers phénomènes de magie transcendante qui aient été réalisés dans ces dernières années. Ces empreintes dans du plâtre ont pour effet de prouver que les apparitions de fantômes sont une réalité et que les assistants ne sont pas le jouet d'une hallucination. Ces empreintes sont un des témoignages les plus probants de la réalité de pareils phénomènes. Trempez la main dans du plâtre gâché, vous marquez vos doigts dans le plâtre qui, une fois desséché, conserve leur forme. Plongez entièrement la main et laissez le plâtre durcir. Impossible de retirer votre main sans que le plâtre soit *coupé* : en effet, impossible de ramener le milieu de la main à la circonférence du poignet, par où reste l'issue naturelle. Les mains des apparitions, revenants ou fantômes, larves ou démons (suivant que l'on emploie le langage populaire, la langue scientifique, le jargon spirite ou le vocabulaire théologique) jouissent d'une propriété particulière. La matière qui compose les apparitions est assez résistante pour imposer sa forme au plâtre, elle est assez élastique pour que le milieu de la main sorte de la circonférence du poignet. Il reste alors pour *témoignage de l'apparition* un moule en plâtre qui fait l'étonnement des praticiens appelés à le sectionner en deux.

Je n'ai jamais vu, je n'ai jamais touché pareils moules : je comprends néanmoins la stupeur des praticiens en face d'un moule présentant pareille particularité. Je ne sais pas s'il serait facile ou même possible, par quelque tour d'adresse, de réaliser pareils moules. Je laisse la question aux gens experts en ce genre de problèmes ; je me borne à signaler la singularité du fait.

« Le plâtre une fois délayé fut placé dans un large récipient sous une table autour de laquelle, sauf le garçon, nous nous assîmes tous. Le récipient fut recouvert d'un *treillis de fil de fer en forme de cloche* sur lequel nous plaçâmes nos pieds. La pièce était parfaitement *éclairée par deux lampes à gaz*, dont l'une était située au-dessus de nos têtes. Ce jour-là, nous obtînmes fort peu de chose, pas d'empreintes, mais quelques traces insignifiantes, comme si un doigt avait effleuré la surface du plâtre, et plusieurs d'entre nous avaient sur leurs vêtements des taches de la même substance qui n'y avaient pas été remarquées avant. Le médium se plaignait de n'être pas à son aise, *il sentait*, disait-il, *de mauvaises influences autour de lui* et avait de la peine à les repousser pour ne pas être *intransé.* »

Le docteur Gibier continue ainsi son récit : ainsi qu'on va le voir, les *influences mauvaises senties d'abord par le médium seul*, allaient impressionner également les assistants.

« Après avoir obtenu un certain nombre de phénomènes qu'il serait sans intérêt de rapporter ici, nous levâmes la séance et nous partîmes, le médium à moitié défaillant et soutenu sous les bras par M. L... et par moi. En route, de la *rue Lhomond* à la *rue Claude Bernard*, où nous allions chercher des voitures, *nous fûmes tout à coup assaillis par une grêle de coups* que l'on entendait et que l'on sentait très bien (J'EN SAIS QUELQUE CHOSE) et qui atteignaient surtout le médium. Ces coups nous étaient dirigés par derrière. Enfin, nous trouvâmes une voiture et le médium qui était très agité et paraissait très effrayé y monta avec le docteur de B... »

Je n'achève pas le récit du docteur Gibier : il remplit plus de six pages (pag. 192 à 198) : ce qui précède suffit pour montrer que l'hallucination qui consiste à recevoir une grêle de coups a quelque réalité pour celui qui les subit. Je me borne à transcrire les réflexions pratiques du docteur Gibier à ce propos : « Ces recherches psychiques expérimentales ne laissent pas que de faire courir certains risques à ceux qui s'y adonnent, et c'est bien à tort que certaines personnes s'en font un jeu ».

L'opinion du docteur Gibier est voisine du jugement de l'abbé Méric, quant au péril que courent les expérimentateurs qui se livrent à des recherches de magie transcendante. Ce danger est des plus réels, si l'on en croit le témoignage du docteur Gibier. Quant à la cause de ce péril, elle émane, d'après le docteur, d'*intelligences invisibles* : d'après lui, ces intelligences jouissent de propriétés semblables à celles qui sont attribuées aux démons par les théologiens catholiques.

Parmi les phénomènes prêtés par l'abbé Méric à un agent préternaturel (lisez *au démon*), figure le phénomène de *lire dans la pensée* : « Quand je vois une femme endormie lire dans mon entendement... » Sur ces phénomènes, le docteur Ochorowicz a écrit un ouvrage intéressant intitulé : *De la suggestion mentale*. D'après ce livre, le cerveau de l'homme est un livre sur lequel s'écrivent automatiquement les sensations et toutes les idées. Dans l'état qualifié de *somnambulisme*, le médium est doué d'une faculté spéciale : cette faculté permet de lire dans ce livre. Il est des personnes en somnambulisme qui lisent couramment ; il en est qui sont forcées d'épeler ; enfin, cette faculté du médium ressemble à mainte autre faculté, comme au sens de la vue, comme au sens de l'odorat, comme au sens de l'ouie, dont l'acuité varie dans des limites étendues suivant l'individu. Ce qui résulte du livre du docteur Ochorowicz, c'est que la faculté existe.

M. Charles Richet a écrit la préface de cet ouvrage. Selon M. Charles Richet, le docteur Ochorowicz a fourni la démonstration de cette proposition :

« *En dehors de tout phénomène appréciable à nos sens normaux, à notre perspicacité normale, si vive qu'on la suppose, il existe entre la pensée de deux individus une corrélation telle, que le hasard ne suffit pas à l'expliquer.* »

Voci la première page du livre du docteur Ochorowicz :

« Les bornes du possible reculent !... La méthode expérimentale, après avoir fondé la psychologie positive, nous introduit elle-même dans le domaine du merveilleux.

L'*hypnotisme* appartient désormais à la science, et la *suggestion* qui produit la plupart de ses miracles ne nous étonne plus ; au contraire, on s'y réfère tous les jours pour expliquer d'autres phénomènes encore plus difficiles à comprendre. Cependant, avec la suggestion MENTALE, le problème se complique... On a l'air de vouloir dédaigner la science pour se noyer dans l'occultisme. »

Voici le début du premier chapitre : c'est un aveu de l'instabilité de la science humaine, ou, si l'on préfère, c'est la constatation de la fragilité de l'ignorance des savants quand elle affirme ou nie quelque chose.

« Je dois avouer tout d'abord que je ne croyais pas à la suggestion mentale *il y a encore un an*. Non-seulement je n'y croyais pas, mais *la question ne m'avait point paru suffisamment sérieuse pour légitimer une étude spéciale.* »

Le lecteur est averti : s'il est incrédule sur plus d'un point touché dans cette étude, peut-être le sera-t-il beaucoup moins aux feuilles prochaines ! Peut-être, dans six mois, croira-t-il dur comme du fer ! Peut-être même, à l'exemple du docteur Ochorowicz, publiera-t-il quelque gros volume de cinq cents pages pour raconter ses expériences, pour exposer à son tour ses raisons !

Parmi les observations enregistrées par le docteur, en voici une fort intéressante (page 28) :

« En professant, à l'*Université de Lemberg* (1875-1881), un cours de *psychologie physiologique*, j'ai beaucoup étudié les différentes questions de l'hypnotisme. Un grand nombre de mes élèves se prêtèrent volontiers à toutes sortes d'essais : c'est alors que je commençai à m'orienter un peu mieux sur ce terrain mystérieux. Un jour, j'avais réuni six de mes meilleurs sujets dans une salle de *l'Ecole polytechnique*, hermétiquement close à la lumière, pour vérifier les prétendues découvertes du baron *Reichenbach*. Nous sommes restés trois heures dans l'obscurité absolue, mais aucune des assertions du chimiste allemand n'a pu être constatée sérieusement. En revanche, nous avons découvert un fait nouveau assez intéressant, à savoir que *certains sujets hypnotisables voient beaucoup mieux la phosphorescence d'une machine électrostatique que nous autres.* Les filets de lumière, tout à fait invisibles pour nous et constituant une *prolongation des raies visibles,* furent parfaitement décrits par deux ou trois d'entre eux et *vérifiés objectivement* de plusieurs manières. »

Cette observation est à rapprocher de celles qui attribuent aux médiums, placés en somnambulisme, la faculté de percevoir certaines aigrettes lumineuses au pôle nord d'un aimant et de discerner les deux pôles de l'aimant : elle est du même ordre.

Il a été fourni plus haut de longs détails sur les expériences magistralement entreprises à l'hôpital de la Charité pour transférer les maladies au médium et pour le mettre en état de diagnostiquer ces maladies. Le docteur Ochorowicz ayant entendu parler, avant l'année 1885, d'une somnambule douée de cette faculté, voulut se rendre compte par lui-même de la réalité de ce dire ; il demanda à cette somnambule, de laquelle il était inconnu, quelle maladie elle lui trouvait. La somnambule répondit : « Aucune ! vous n'êtes jamais malade ; un peu de congestion lorsque vous travaillez trop, mais, du reste, une santé parfaite. »

Le docteur Ochorowicz ajoute (page 39) :

CARACTÈRE DE LA MALADE 105

« Cela se trouva exact. Pour une seconde épreuve, j'ai amené auprès d'elle une de mes patientes, dont la maladie compliquée, tout en présentant des lésions caractérisées, *n'était pas facilement reconnaissable par l'aspect* de la malade. Il y avait une *pneumonie ancienne*, hépatisation du poumon droit, *inflammation chronique du larynx*, hyperesthésie dorsale, *migraines très fréquentes*, plusieurs défauts de circulation, *dyspepsie* et faiblesse générale intermittente. Malgré tout cela, la malade, grâce à sa constitution exceptionnelle, avait bonne mine, et *l'on ne pouvait pas se douter de son état au premier abord.* La somnambule, après avoir touché la main de la malade, récita à peu près toutes ses infirmités. Elle n'a pas détaillé suffisamment les lésions, mais au point de vue des symptômes, *son diagnostic fut très exact.* Ce qui le fut encore davantage, c'est une DESCRIPTION MAGISTRALE *du caractère de la malade et de ses* MAUVAISES HABITUDES. »

Le docteur Ochorowicz demanda à la somnambule : « Sur quoi vous basez-vous pour faire vos déductions? Croyez-vous voir les organes atteints? » La somnambule lui répondit : « Non ! *je ressens* plutôt moi-même les symptômes de la maladie. »

Sur la question de la *transmission des symptômes d'une maladie*, le docteur Ochorowicz formule (son ouvrage a paru en 1886) les réflexions suivantes : « Est-elle possible ? je n'en sais rien ; je ne me crois pas autorisé à soutenir avec certitude l'existence d'une faculté qui permettrait de *ressentir* directement toutes les particularités de l'état pathologique d'autrui — quoiqu'un médecin de Paris m'ait *assuré sérieusement*, non seulement que cette faculté lui est propre, mais qu'*il n'a jamais besoin d'autre méthode pour faire son diagnostic...* »

Il est à regretter que le docteur Ochorowicz ne puisse compléter cette assertion en nommant le médecin de Paris qui lui fit cette communication ! Au point de vue de la créance à accorder à pareil dire, les détails permettant au lecteur un contrôle personnel sont le point le plus important ; inutile de remarquer qu'il n'y a dans la présente étude aucun contrôle de ce genre ; il faut se fier à l'impression produite sur le docteur Ochorowicz par son interlocuteur et confrère. Le docteur Ochorowicz est homme de sens et médecin estimé ; sa simple affirmation présente une valeur positive qu'il serait injuste de négliger.

Le docteur Ochorowicz ajoute cette réflexion relativement à ses expériences personnelles :

« Ce que je peux certifier *par ma propre expérience*, c'est qu'il existe une autre transmission nerveuse, plus générale et moins circonstanciée, *qui, elle aussi, m'a paru longtemps insoutenable et ridicule.* »

Les conclusions de la pratique personnelle du docteur Ochorowicz sont au nombre de neuf :

« 1º L'action de magnétiser, même quand elle se borne à une imposition des mains, *épuise beaucoup plus qu'une action mécaniquement analogue.* »

« 2º Cet *épuisement* est plus marqué, quand on *magnétise un malade*, que quand on magnétise un homme sain. »

« 3º L'*épuisement nerveux* qui se manifeste par certains caractères particuliers est quelquefois *accompagné d'une transmission de douleurs.* »

« 4º Les douleurs les plus aptes à provoquer ce phénomène sont : *les douleurs fulgurantes des ataxiques,* les douleurs rhumatismales et l'*hyperesthésie dorsale.* »

« 5° Le contact prolongé facilite ce phénomène qui, plus rarement, se manifeste aussi à la suite d'une magnétisation sans contact. »

Ces cinq conclusions ont un intérêt notable ; il y a analogie entre leur objet et la question de la *transmission des symptômes* d'une maladie.

Les quatre dernières conclusions particularisent les phénomènes.

« 6° La transmission est rarement nette et immédiate. Quelquefois seulement la douleur attaque le même endroit et la même moitié du corps, ce qui arrive surtout quand on a affaire à plusieurs malades présentant les mêmes symptômes. Généralement, elle attaque les *nodi minoris resistentiæ* et se manifeste surtout le lendemain au réveil. »

« 7° Les douleurs transmises sont toujours de beaucoup plus faibles et de courte durée. »

« 8° Sauf les douleurs, certains *états* pathologiques : congestions, *rhume de cerveau,* insomnies, etc., peuvent se transmettre également à la suite d'une magnétisation. On les distingue assez facilement d'un malaise individuel spontané, par leur apparition et disparition brusque et aussi par leur caractère pour ainsi dire superficiel; ils n'entraînent pas les autres conséquences propres aux états pathologiques spontanés. »

La dernière conclusion est la plus décisive : elle fixe le bénéfice de cette action pour le malade.

« 9° Le phénomène est accompagné *toujours* d'un soulagement notable du malade qui communique son état maladif. On serait tenté de croire que *l'équilibre nerveux s'établit aux dépens d'un autre organisme mieux équilibré.* »

Il y a beaucoup d'analogie entre les faits qui ont amené le docteur Ochorowicz à formuler ces neuf conclusions et les phénomènes de guérison qui se passent actuellement à l'hôpital de la Charité sous la direction du docteur Luys. La supériorité de la méthode de la Charité est manifeste, surtout pour le malade guéri : en effet, le malade soumis à la cure reste dans son état physiologique ordinaire, ce qui est certainement plus avantageux que d'être *magnétisé*. La cure est parfaite à l'hôpital de la Charité : il y a plus qu'un soulagement *notable* ; il y a soulagement *complet*. Cela tient, sans doute, au rôle joué par l'aimant qui semble constituer une source inépuisable de force. L'équilibre nerveux du malade serait établi aux dépens de l'équilibre nerveux du médium, si l'aimant n'intervenait pas pour réparer immédiatement cette dernière perte d'équilibre.

Selon les expérimentateurs de la Charité, le médium qui subit journellement douze transferts guérissant douze malades voit lui-même sa santé s'améliorer. Si cette assertion est exacte : c'est tout bénéfice et incontestablement c'est à l'aimant qu'il faut en rapporter le mérite.

Le docteur Ochorowicz raconte avec humour son arrivée à Paris : « Arrivé à Paris en 1882, je suis naturellement allé partout où il y avait quelque chose à voir en fait d'hypnotisme. Un jour, j'assistai aux expériences hypnotiques chez un médecin de Paris... Evidemment ces expériences n'ont pu que fortifier mon incrédulité. »

J'ai remplacé par des points le récit du docteur Ochorowicz ; je me borne à constater combien une méthode vicieuse de l'expérimentateur (qui du reste n'est pas nommé) peut influer sur un spectateur de bon sens et fortifier son incrédulité (fort à tort, sans doute !) si le spectateur est déjà prévenu.

Après avoir rapporté ses expériences personnelles sur la suggestion, le docteur Ochorowicz formule la considération suivante (page 111) :

« Il faut considérer la *transmission mentale* comme une *sorte d'audition*, toutes proportions gardées. On n'entend pas *quand on est sourd*; on n'entend pas *quand il y a trop de bruit*; on n'entend pas *quand on est distrait*. On est sourd pour une transmission de pensée, *lorsqu'on dort si bien que le cerveau ne fonctionne point*. Comment voulez-vous qu'un sujet plongé dans une *aïdéie paralytique profonde* obéisse à votre pensée, s'il ne vous entend pas de vive voix ? Il est sourd. Inutile de lui crier dans l'oreille, ni à plus forte raison de lui chuchoter à distance. Aussi les suggestions mentales sont-elles encore *plus difficiles dans cet état d'aïdéie profonde qu'à l'état de veille* et, par conséquent, ceux qui s'imaginent qu'il suffit d'endormir quelqu'un magnétiquement pour le rendre sensible à leur action se trompent. »

Le docteur Ochorowicz a résolu le problème, en apparence inextricable, de la *transmission mentale* : son mérite a consisté à bien comparer chacune des circonstances de ce curieux phénomène avec chacun des phénomènes correspondants de l'*audition physique*.

« On n'entend pas *quand il y a trop de bruit* et un sujet hypnotisé n'entendra pas votre pensée, *parce qu'il est à la merci de tout le monde*, parce qu'il a trop de sensations fortes et différentes, *parce que son attention n'est pas dirigée uniquement vers vous*. Par conséquent, même si vous le rendiez hyperesthésié de toutes les façons possibles par la fixation d'un point brillant ou d'un autre agent inanimé, vous ne le rendrez pas facilement sensible aux influences *personnelles* telles que l'action de la pensée. »

Cet argument, fondé sur l'analogie de l'hypnotisme avec une hyperesthésie générale accompagnée elle-même d'une suggestibilité générale, est des plus clairs ; il permet de comprendre pourquoi l'hypnotisme proprement dit est moins propice aux expériences que le magnétisme.

« On n'entend pas *quand on est distrait*,

ou, pour mieux dire, quand on est *occupé à autre chose*, parce qu'une action exclut l'autre. *Celui qui parle écoute mal.* Les rêves du *somnambulisme actif* étant plus vifs qu'à l'état normal, étant presque toujours des rêves parlés, s'opposent plus à une perception délicate que l'état de veille lui-même, plus mobile et plus varié dans ces phénomènes. Par conséquent, inutile d'essayer la suggestion mentale directe sur un somnambule qui cause avec vivacité, qui exécute un projet somnambulique quelconque ; il ne vous entendra pas. Son attention n'est pas nulle comme chez un hypnotisé, mais, ce qui est pis pour votre but, elle est dirigée ailleurs. Donc, malgré les apparences favorables (il peut vous entendre toujours, vous, son magnétiseur), l'état de *polyidéie* fortement *active* ne convient pas plus aux expériences qu'une aidéie paralytique. »

Le docteur Ochorowicz a prouvé que la pensée humaine se transmet sans l'intermédiaire de la parole ; il a précisé les circonstances où cette transmission ne peut pas se réaliser. Ce phénomène ressortit à la magie : il est pour étonner bien des savants ; pourtant il paraît appartenir aujourd'hui au domaine scientifique. N'en déplaise à M. l'abbé Elie Méric, il ne semble pas nécessaire qu'un agent préternaturel intervienne dans cette transmission.

Après avoir précisé les trois états où la transmission de la pensée est impraticable, le docteur Ochorowicz examine les états intermédiaires, ceux où la transmission est plus ou moins difficile. L'examen de la phase *monoïdéique* intermédiaire à la phase *aïdéique* et à la phase *polyidéique* est intéressant. L'état *monoïdéique* peut être *actif* ou *passif*. Actif, il est analogue au *polyidéisme*; c'est l'état de *monomanie somnambulique*, ou encore *état d'hallucination spontanée*, qui n'est pas favorable à la transmission mentale. Passif, il se rapproche de l'*aïdéie* et ne donne pas le maximum de garantie pour la transmission mentale, tout en présentant des conditions assez favorables.

« Le vrai moment de la suggestion mentale, c'est la limite entre l'état *aïdéique* et le *monoïdéisme passif* ».

Que le lecteur excuse l'emploi trop répété de mots barbares! Monoïdéisme, polyidéisme, aïdéisme, reviennent fréquemment dans ces citations. C'est un des écueils de la science actuelle : les mots nouveaux ont un aspect décourageant; cependant, comment s'en passer? Ils ont été imaginés par les auteurs de la science nouvelle !

Ces préliminaires entendus, le docteur Ochorowicz pose (page 117) la question : « Comment régler une somnambule ? » Selon lui, le meilleur moyen, « ce sont les passes dites magnétiques, longitudinales et transversales, car la profondeur du sommeil augmente généralement avec le nombre de celles-là et diminue avec le nombre de celles-ci. En faisant donc deux, trois, quatre passes devant le sujet (sans contact), vous obtenez un peu plus ou un peu moins de sommeil, et on arrive quelquefois jusqu'à pouvoir graduer à volonté les phases intermédiaires que je viens d'énumérer. » Tel est le procédé recommandé par M. Ochorowicz.

Quant à la manière de provoquer la suggestion, voici l'indication : « Une fois maître de votre sujet, vous n'aurez qu'à choisir le moment où *il vous entend déjà et ne vous répond pas bien encore.* »

Au sujet des curieuses expériences de MM. Gibert et Janet au Havre, le docteur Ochorowicz a laissé des confidences instructives touchant l'impression produite sur lui par la lecture de ces expériences, dans le courant du mois de novembre 1885. Suivant son impression d'alors, « une pareille constatation serait la mort de la théorie exclusive de l'hypnotisme contemporain, qui se vantait d'être le légitime successeur du feu magnétisme animal et qui, désormais, ne devrait occuper qu'une place fort modeste à côté de son prédécesseur. » Dans le courant du mois d'août 1886, le docteur Ochorowicz, accompagné de MM. Myers et Marillier, obtint de MM. Janet et Gibert, une répétition des curieuses expériences du Havre. Cette répétition fut décisive, tout au moins pour convaincre le docteur Ochorowicz, qui la résume ainsi : J'ai bien constaté la suggestion mentale de près, mais j'ai seulement *vu une seule* expérience à distance qui me paraît rigoureuse. »

Pour clore la liste des expériences conduites sous les yeux du docteur Ochorowicz, il faut indiquer le cas de mademoiselle S...; il faut rappeler *l'hallucination* véridique de cette personne, témoin des faits et gestes de son magnétiseur à une distance d'un kilomètre, faisant le lendemain matin un récit circonstancié, parfaitement exact quant aux heures où s'étaient produits les divers gestes de son magnétiseur !

Cette expérience est trop longue pour être rapportée ; elle termine la première partie de l'ouvrage du docteur Ochorowicz. La deuxième partie du livre est consacrée aux *faits observés par d'autres*, touchant la suggestion mentale. Le second chapitre de la deuxième partie, intitulé : *Sympathisme et Contagion*, contient de curieuses remarques sur les *odeurs* et sur leur rôle dans la suggestion (page 184).

« Il ne faut pas se laisser induire en erreur par les apparences. Les somnambules paraissent se servir uniquement de l'attouchement ou d'une transmission tactile à distance ; mais j'ai constaté, à plusieurs reprises, qu'ils se guident aussi inconsciemment par des sensations olfactives. Empêchez-les et vous verrez que dans beaucoup de cas l'appréciation et la communication des symptômes va diminuer sensiblement. L'odorat est le sens de l'inconscient, autant que la vue est le sens de la conscience et le toucher leur maître commun. »

Cette remarque, *l'odorat est le sens de l'inconscient*, ne manque pas de vérité. « La civilisation a étouffé cette science à la fois profonde et vaste que les animaux doivent à l'odorat ; mais le somnambulisme et certains états morbides lui rendent sa valeur... Il est certain que nos individualités, nos états pathologiques, nos *sentiments* même se trahissent par une *odeur spéciale* que nous ne percevons pas sciemment, mais qui n'agit pas moins sur l'odorat en laissant des traces inconscientes au cerveau, traces *qui s'associent à leur tour avec l'état qui les a provoquées*. Et en raison de la loi de réversibilité psychique, la sensation A appartenant à l'état A, peut reproduire celui-ci, comme celui-ci peut provoquer celle-là. »

Le docteur Hammond, de New-York, a rapporté récemment (*Médicals Records*, 21 juin 1877. — *Giornale internationale delle science mediche*, anno V, page 193), le fait d'un hypocondriaque dont la peau répand l'*odeur des violettes* ; le fait d'un choréique exhalant l'*odeur du pin* ; le fait d'une hystérique qui sentait l'*ananas* pendant ses crises ; il parle aussi d'une autre qui avait une transpiration limitée à la moitié gauche antérieure de la poitrine et exhalant l'odeur de l'*iris*. Dans ce dernier cas, l'examen chimique de la sueur fut fait et décela la présence d'un éther butyrique.

On n'en finirait pas avec les odeurs. D'après Hammond, l'*odeur de sainteté* n'est pas une simple figure de réthorique; c'est l'expression d'une sainte névrose, parfumant la peau d'effluves plus ou moins agréables, au moment du paroxysme religieux extatique (page 187).

Il est curieux de constater l'attitude des médecins les plus experts de notre fin de siècle en présence des phénomènes appelés miraculeux par les générations qui les ont précédés. Ces médecins touchent du doigt la véracité des témoins de ces miracles; ils s'accordent pour mettre en évidence la réalité des phénomènes miraculeux. Certains médecins, le docteur Gibier, Papus, constatent nettement dans les phénomènes transcendants de la magie et de la thaumaturgie l'intervention positive d'esprits invisibles, d'agents préternaturels, pour employer le langage des théologiens catholiques. D'autres médecins, comme le docteur Ochorowicz, vont moins loin. Pourtant, M. Ochorowicz écrit (page 539), après avoir énuméré les faits à expliquer par la transmission psycho-physique :

« Mais ce sera alors une vraie résurrection de l'occultisme et de la magie ! Parfaitement ! Et je ne m'en plaindrai pas, car cet occultisme et cette magie *redeviendront une science*. Je dirai plus : *Ils pourront régénérer la nôtre*. Entre nous soit dit, la science de ce siècle pèche un peu par défaut de fantaisie. Elle s'est routinisée ; elle s'est barricadée sur un terrain sec et décoloré ; elle s'est éparpillée en petits détails, en petites mesures, en petites formules, très utiles, très nécessaires, mais qui ne peuvent jamais constituer une science... Or, je crois qu'on n'arrivera jamais à une vue d'ensemble des phénomènes sans se débarrasser de la routine de l'école, sans aborder franchement les problèmes de l'occultisme et de la magie. »

Plus loin le docteur ajoute :

« Les grandes découvertes scientifiques de ces dernières années portent ce cachet miraculeux et en même temps positif... on régénère la médecine des exorcistes et les miracles des stigmatisés, on fouille l'ancien spiritisme, on revient aux amulettes de la métalloscopie, au massage des anciens prêtres, aux mots magiques de l'Orient... eh bien ! tant mieux ! »

La magie s'impose comme une science, comme la plus merveilleuse de toutes : ah ! il n'en était pas de même il y a une vingtaine d'années. Du surnaturel ! des esprits ! des démons ! vous nous la bâillez belle ! hurlait alors le chœur des commis-voyageurs et des clercs d'huissier ? Hélas, cette plaisanterie a vécu ! Un praticien comme le docteur Gibier fait tristement, mais loyalement, l'aveu des horions subis par ses reins de la part de démons, tandis qu'il parcourait la prosaïque rue Vauquelin ! Au reste, le cas du docteur n'est pas le seul ; ce n'est pas là un cas isolé.

J'ouvre LE CURÉ D'ARS, VIE DE M. JEAN-BAPTISTE-MARIE VIANNEY ; j'y trouve des faits du même ordre. Cet ouvrage porte sur la couverture le millésime 1874 et les mots *douzième édition* ; il a pour auteur l'abbé Alfred Monnin, missionnaire : il se compose de deux volumes in-12, le premier volume compte 440 pages, le second en a 548. En tête du premier volume se trouve une dédicace à *Monseigneur de Langalerie, évêque de Belley* : cette dédicace porte la date du 29 juin 1861 : elle est suivie d'une approbation de l'évêque de Belley en date du 6 juillet 1861.

L'abbé Monnin n'a pas écrit la vie du curé d'Ars à la façon dont l'aurait fait un coreligionnaire du docteur Gibier ou un émule du docteur Ochorowicz : en 1861, on ne soupçonnait pas l'évolution de la science vers la magie.

L'ouvrage de l'abbé Monnin contient des indications documentaires qui présentent un intérêt positif. Voici ce qui se lit à la page 323 du premier volume : « Il y avait six ans que M. Vianney était à Ars ; il venait d'ouvrir aux petites orphelines du pays sa chère maison de refuge, quand des bruits étranges commencèrent à troubler le repos de ses nuits et le silence de son presbytère. » M. Vianney avait pris possession de la cure d'Ars en 1818, cela assigne la date de 1824 comme le commencement des *bruits étranges* mentionnés plus haut. Au reste, l'abbé Monnin transcrit ainsi le récit de ces bruits *étranges* d'après M. Vianney lui-même :

« La première fois que le démon est venu me tourmenter, *c'était à neuf heures du soir*, au moment où j'allais me mettre au lit. *Trois grands coups retentirent à la porte de ma cour*, comme si on avait voulu l'enfoncer avec une énorme massue. »

L'heure n'est pas très tardive, surtout étant donné l'incertitude de la saison où se passa ce premier fait ; car, en été, neuf heures, c'est le commencement de la nuit.

L'abbé Vianney était alors âgé de trente-huit ans. Né le 8 mai 1786, l'abbé Vianney était dans la force de l'âge, aussi éloigné des craintes de l'enfance que des inquiétudes de la vieillesse, lorsqu'il observa pour la première fois ce singulier phénomène que l'on serait tenté de qualifier d'hallucination, si l'on partageait la doctrine du plus grand nombre des savants de 1824.

« J'ouvris aussitôt ma fenêtre et je demandai : *Qui est là ?* mais je ne vis rien et j'allai tranquillement me coucher en me recommandant à Dieu. »

Il semble que le curé d'Ars ait gardé un calme extraordinaire en présence de cette hallucination. Pas d'exaltation ! ni fièvre, ni folie ! Cela est à l'opposite de l'attitude d'un halluciné.

« Je n'étais pas endormi que *trois autres coups plus violents*, frappés non plus à la porte extérieure, mais à celle de la montée d'escalier qui conduit à ma chambre me firent ressauter. Je me levai et m'écriai une seconde fois : *Qui est là ?* Personne ne répondit. »

Seconde hallucination succédant à la première avec identité des phénomènes, avec différence dans l'endroit où ils se produisaient. La conduite du curé d'Ars paraît des plus raisonnables.

« Lorsque le bruit commença, je m'imaginai que c'étaient des *voleurs* qui en voulaient aux *beaux ornements de M. le vicomte d'Ars*, et je crus qu'il était bon de prendre des précautions. Je priai *deux hommes courageux de coucher à la cure* pour me prêter main-forte, en cas de besoin. Ils vinrent plusieurs nuits de suite; ils entendirent le bruit, mais ne découvrirent rien et demeurèrent *convaincus que ce vacarme avait une autre cause que la malveillance des hommes.* »

Ces réflexions, ces précautions, ces sages mesures ne sont pas d'un halluciné ; la remarque finale est caractéristique de la part de deux témoins de ces hallucinations.

« *J'en acquis moi-même la certitude;* car pendant une nuit d'hiver qu'il était tombé beaucoup de neige, trois énormes coups se firent entendre *vers le milieu de la nuit.* Je sautai précipitamment au bas de mon lit ; je pris la rampe et descendis jusque dans la cour, *pensant trouver cette fois les malfaiteurs en fuite et me proposant d'appeler au secours.* Mais, à mon grand étonnement, je ne vis rien, je n'entendis rien, et, qui plus est, *je ne découvris sur la neige aucune trace de pas...* Je ne doutai plus alors que ce ne fût le démon qui voulait m'effrayer. Je m'abandonnai à la volonté de Dieu, le priant d'être mon défenseur et mon gardien, et de s'approcher de moi avec ses anges, quand mon ennemi viendrait de nouveau me tourmenter. »

L'argument tiré du défaut d'empreintes sur la neige est de l'ordre scientifique. Ce n'est pas un rêve d'halluciné. L'argument n'est pas irréfutable ; cependant, il est des plus solides ; le docteur Gibier s'en contenterait. L'abbé Monnin formule les réflexions suivantes :

« Si le but du démon était de frapper de terreur le pauvre curé, il n'avait que trop réussi ; car M. Vianney a avoué que, dans les premiers temps, alors que la cause de ces *bruits mystérieux qui se renouvelaient toutes les nuits, pendant des heures entières,* n'était point connue, il mourait de peur dans son lit ; sa santé ne pouvait manquer d'en être notablement altérée ; on le voyait sécher et dépérir. Des personnes charitables s'offrirent à *faire le guet autour de la maison* et à coucher dans la chambre voisine de la sienne. *Quelques jeunes gens armés s'établirent en embuscade au clocher, afin de mieux surveiller les abords de la cure.* »

Voici qui est positif, quant à la quantité des témoins de ce singulier phénomène : le phénomène fut entendu de plusieurs personnes. Voilà encore plus caractéristique :

« Il y en eut parfois qui furent très effrayés, entr'autres le *charron du village, André Verchère.* Une nuit que son tour de faction était venu, il s'installa avec son fusil dans une chambre du presbytère. Quand vint minuit, *un bruit effroyable se fit entendre à côté de lui, dans la pièce même ;* il lui sembla que les meubles volaient en éclats sous une grêle de coups. La pauvre sentinelle de crier au secours et le curé d'accourir. On regarde, on examine, *on fouille les coins et les recoins,* mais inutilement. »

Si la mésaventure était survenue au docteur Gibier au lieu d'effrayer un simple charron tel qu'André Verchère, elle présenterait plus de garanties scientifiques : toutefois, telle qu'elle est, l'observation d'André Verchère est une observation qui doit compter.

« Quand M. Vianney se fut bien assuré que ces bruits n'avaient aucune cause humainement assignable, il prit le parti de congédier tous ses gardiens dont la présence lui était inutile. Il eut moins peur et finit par s'y habituer... Que de constance et de force d'âme il lui fallut ! Car ce martyre ne fut pas de quelques nuits ; il *dura trente-cinq ans,* avec des phases et sous des formes diverses, mais sans qu'il y eût presque jamais d'intermittences. »

Une série d'hallucinations ayant duré trente-cinq années, de 1824 à 1859, voilà pour donner à réfléchir ! le document est presque contemporain. Parmi les membres de notre Académie des Sciences, combien ont vécu pendant cette période ? Et combien auraient pu, s'ils y avaient trouvé intérêt, questionner le curé d'Ars, obtenir de lui des indications précises sur ces phénomènes ; mieux que cela, observer par eux-mêmes ces faits bizarres ? La grande majorité ! Et pourtant ! qui s'est soucié de ces phénomènes ? Personne que nous sachions. Le vent d'alors ne soufflait pas aux *esprits*. Il n'en est pas de même en 1890, après les révélations du docteur Gibier, après les expériences multiples de ses émules.

D'après l'abbé Monnin, voici la marche habituelle du phénomène :

« Ordinairement, à minuit, trois grands coups contre *la porte du presbytère* avertissaient le curé d'Ars de la présence de son ennemi ; et suivant que son sommeil était profond ou léger, d'autres coups plus ou moins rudes se succédaient en approchant. Après s'être donné le divertissement d'un affreux tintamarre *dans l'escalier*, le démon entrait ; il se prenait *aux rideaux du lit* et les secouait avec fureur, comme s'il avait voulu les arracher. Le pauvre patient ne pouvait comprendre qu'il en restât un lambeau. »

Pour une hallucination, c'est là un phénomène complexe avec trois scènes marquées : à la porte, dans l'escalier, dans la

NOUS T'AURONS BIEN ! 129

chambre. Et cela pendant trente-cinq ans ! Voilà une hallucination singulière en même temps que désagréable !

« Il arrivait souvent que l'esprit malin heurtait comme quelqu'un qui veut entrer ; un instant après, *sans que la porte fût ouverte*, il était dans la chambre, remuant les chaises, dérangeant les meubles, furetant partout, appelant le curé d'une voix moqueuse : *Vianney ! Vianney !* et ajoutant à son nom des menaces et des qualifications outrageantes : *Cochon ! nous t'aurons bien ! va, nous t'aurons bien ! nous te tenons ! nous te tenons !* D'autres fois, sans se donner la peine de monter, il le hélait au milieu de la cour, et après avoir longtemps vociféré, il imitait une charge de cavalerie ou le bruit d'une armée en marche. »

Voilà qui est tout à fait extraordinaire comme hallucination. Les apostrophes d'un être invisible au curé, l'appel parti du milieu de la cour, la vocifération, constituent des phénomènes extrêmement curieux. La diversité de ces hallucinations est remarquable :

« Tantôt il *enfonçait des clous* dans le plancher à grands coups ; tantôt il *fendait du bois*, rabotait des planches, *sciait des lambris*, comme un charpentier activement occupé dans l'intérieur de la maison ; ou bien il *taraudait* toute la nuit et il semblait à M. Vianney qu'il allait le matin trouver son plafond criblé de trous ; ou bien encore, il battait la charge sur la *table*, sur la *cheminée* et principalement sur le *pot à eau*, cherchant de préférence les objets les plus sonores. »

Evidemment ce procès-verbal n'a rien de scientifique ; il n'est pas rédigé avec la méthode chère aux habitués de l'Académie de médecine, conformément à un questionnaire strictement pesé par des gens à diplômes ; autre chose est la vie réelle, autre chose la fantaisie du savant qui plie les phénomènes à l'étroit fourreau de l'étui où il lui convient de les faire passer.

Le curé d'Ars était-il sincère ? était-il en pleine possession de sa raison ? tels sont les deux principaux points à résoudre. S'il y est répondu par l'affirmative, il est raisonnable de ne pas repousser *à priori* la déposition d'un pareil témoin.

« Quelquefois, le curé d'Ars entendait dans la salle basse au-dessous de lui, bondir comme *un grand cheval échappé* qui s'élevait jusqu'au plafond et retombait lourdement des quatre fers sur le carreau ; d'autres fois, c'était comme si un *gendarme chaussé de grosses bottes* en eût fait résonner le talon sur les dalles de l'escalier : d'autres fois encore, c'était le bruit d'*un grand troupeau de moutons* qui paissait au-dessus de sa tête : impossible de dormir avec ce piétinement monotone. »

Malgré cette hallucination de toutes les nuits par des *larves* analogues à celle qui frappa en 1886 le docteur Gibier, le curé d'Ars vaqua trente-cinq ans à ses devoirs : le curé d'Ars fit preuve de jugement et de sens en maintes circonstances ; à telles enseignes que le gouvernement impérial récompensa les services rendus à ses concitoyens par le saint prêtre en le nommant chevalier de la Légion d'honneur sur un rapport du sous-préfet de Trévoux, daté du 28 juin 1858, et ainsi conçu :

« M. Vianney est un homme d'une simplicité admirable et d'une humilité profonde. C'est un second Saint-Vincent de Paul dont la charité opère des prodiges... »

Sur l'attitude du curé d'Ars dans ces énervantes hallucinations, voici pour être satisfait :

« Une nuit que M. Vianney était plus inquiété que de coutume, il lui dit : *Mon Dieu ! je vous fais volontiers le sacrifice de quelques heures de sommeil pour la conversion des pécheurs*. Sur-le-champ, l'infernal troupeau s'en alla ; le silence se fit et le pauvre curé put reposer un instant. Nous tenons tous ces détails de M. Vianney lui-même. »

Au point de vue scientifique, est-il admissible que les larves persécutant M. Vianney aient été impressionnées par l'offrande du curé pour la conversion des pécheurs ? Non ! sans doute : la science ne reconnaît ni la *conversion des pécheurs*, ni, *à fortiori*, une équivalence mystique du tourment hallucinatoire subi par le curé avec la *conversion des pécheurs*. Pourtant, au point de vue documentaire, le fait est là ; si l'on admet la véracité de l'abbé Monnin et la sincérité du curé d'Ars — et il n'y a pas lieu de les suspecter sérieusement — voilà une apostrophe adressée aux *larves* qui les aurait contrariées et les aurait réduites au silence dans une circonstance donnée.

Traitons comme une suite d'hallucinations la série de ces phénomènes, il y a là tout au moins une curieuse relation de cause à effet entre une apostrophe de l'halluciné et son hallucination.

« Pendant plusieurs nuits consécutives, il entendit dans la cour des clameurs si fortes et si menaçantes qu'il en tremblait d'effroi. Ces voix parlaient dans une langue inconnue et avec la plus grande confusion, en sorte qu'elles réveillaient en lui le souvenir encore récent de l'invasion. Il comparait leur tumulte au bruit qu'aurait fait une armée d'Autrichiens, ou bien il se servait d'un autre mot non moins caractéristique, disant que les troupes du démon avaient tenu leur *Parlement* dans sa cour. »

Cela montre l'infinie variété d'objets de l'hallucination de M. Vianney : en même temps, la victime de ces hallucinations conservait assez de force mentale pour s'adonner à des obligations étroites, pour y vaquer à la satisfaction de ses paroissiens.

C'est là un caractère trop marqué de la vie du curé d'Ars pour qu'il n'y ait pas lieu d'y insister.

« Ces histoires, on le pense bien, *firent grand bruit* ; elles excitèrent, comme il arrive toujours, des rumeurs en sens divers et de *vives contradictions.* Elles avaient le tort de se passer dans les ténèbres. *La nuit est complice de l'erreur* ; il se mêle aux choses qu'elle couvre de ses ombres une vague incertitude, dont la critique peut aisément s'armer ou l'incrédulité se prévaloir... »

L'abbé Monnin enregistre les faits : nous sommes obligé de nous en remettre à la citation précédente. Ces histoires firent-elles grand bruit ?

Excitèrent-elles de vives contradictions ? Il convient de l'admettre, puisque le biographe du curé d'Ars le constate : cependant, ce bruit a-t-il dépassé les gens d'alors ? a-t-il retenti dans un rayon étendu ? Nous ne connaissons sur ce sujet aucun document qui vaille la peine d'être discuté en dehors de la biographie que nous examinons : pourtant, nous avons beaucoup lu sur ces matières.

L'abbé Monnin formule cette importante observation : « Il n'est pas permis de supposer que M. Vianney se soit trompé ou qu'il ait voulu tromper. Certes, *ceux qui l'ont connu savent que la mort eût été préférable pour lui au mensonge.* Il n'avait pas le tempérament d'un visionnaire ;

il n'était point du tout crédule; il possédait toutes les qualités d'un bon témoin, *de bons yeux*, de bonnes oreilles, *un bon jugement*. Ces choses ne se passèrent pas une fois, mais cent et cent fois par an, pendant trente ans ; *elles furent attestées par lui des milliers de fois ; il n'y avait rien dont il parlât plus volontiers.* »

Dans ces conditions, y a-t-il hallucination dans le cas de M. Vianney ? Il paraît difficile de le penser. La seule raison qui arrête la conviction, c'est l'importance du corollaire au point de vue de l'intervention des *larves* ou des *démons* aux choses de ce monde. Ce corollaire répugnait naguère à nos corps savants : il est à penser que la répugnance n'est pas encore surmontée chez nos plus éminents professeurs.

L'abbé Monnin a eu sous les yeux un document précieux au point de vue de ces hallucinations, ce qu'il appelle les « *Notes de Catherine* » : elles contiennent de « nombreuses confidences recueillies jour par jour de la bouche même du saint curé, et contemporaines des premières persécutions qu'il eut à subir. »

D'après l'abbé Monnin, voici divers extraits de ce document :

« M. le curé nous a dit plusieurs fois ces jours passés : *Je ne sais pas si ce sont des démons : mais ils viennent par grosses bandes. On dirait un troupeau de moutons. Je ne peux quasi par dormir.* A quelque temps de là, il nous a dit : *Cette nuit, quand j'étais sur le point de m'endormir, le grappin s'est mis à faire du bruit* comme quelqu'un qui *relie un tonneau avec des cercles de fer.* »

Les deux phénomènes relatés dans ces *Notes* sont assez différents. Quant au mot de GRAPPIN, l'abbé Monnin expose que c'est le terme sous lequel l'abbé Vianney désignait son persécuteur. Autre extrait des notes ; avec une date cette fois : « 18 août 1825 — M. le curé nous a dit hier que le démon chantait dans sa cheminée comme un rossignol. »

Voici une troisième forme du phénomène hallucinatoire, absolument différente des deux autres. Les gens qui chercheraient l'uniformité dans ces phénomènes de magie transcendante seraient déçus. Au reste, les *Notes de Catherine* présentent beaucoup d'intérêt. Les extraits reproduits par l'abbé Monnin font désirer de connaitre l'ensemble. Si ce document existait encore, et à cela il n'y aurait rien d'impossible, il serait intéressant de le publier *in extenso*. Lisez ceci :

« 15 septembre. — M. le curé nous a recommandé d'élargir sa paillasse, parce que le démon le jetait hors de son lit. *Je ne l'ai pas vu, a-t-il ajouté, mais plusieurs fois il m'a saisi et m'a précipité de mon lit.* »

Voilà une quatrième forme du phénomène hallucinatoire : le bon curé n'a pas vu le démon, mais l'a senti, tout comme le docteur Gibier n'a pas vu la *larve* qui le battait, mais a senti ses coups. Le fait d'être précipité du lit est assez positif : il tombe sous les sens, pour employer une expression vulgaire : ce n'est pas une hallucination exclusive de l'œil ou de l'ouïe. L'œil de M. Vianney ne reçut aucune impression puisqu'il ne vit pas le persécuteur : Ce fut le sens du toucher qui avertit le curé de l'hallucination : cela à diverses reprises, puisque le curé fut *saisi plusieurs fois* et finalement précipité du lit. Quant à la précaution prise par M. Vianney le lendemain de l'hallucination, elle ressemble à la précaution du même genre du docteur Gibier après avoir subi les effets de la mauvaise humeur des *larves* qui l'avaient frappé. Autres extraits des *Notes de Catherine* :

« 18 octobre. — M. le curé nous a dit hier que *le démon voulait le tuer.* »

« 4 décembre. — Ce soir, M. le curé est venu nous voir et il nous a dit : *Je vais vous raconter quelque chose. Le grappin m'a fait sa visite ; il soufflait si fort que j'ai cru qu'il voulait me* renifler. *Il semblait vomir du gravier ou je ne sais quoi dans ma chambre.* Je lui ai dit : Je m'en vais là-bas dénoncer tes intrigues afin de te faire mépriser. *Il s'est tu tout de suite.* »

Pourquoi M. Vianney a-t-il cru que son persécuteur voulait le *renifler* ? Sans doute l'halluciné savait ce qu'il voulait dire ; il lui était plus aisé qu'à nous, de bien comprendre ce que signifie cette singulière expression. Ce cinquième phénomène affectant l'ouïe comme un frottement de gravier analogue à un vomissement, diffère du tout au tout des quatre précédents, au point de vue hallucinatoire.

Quant à l'allocution du bon curé à son persécuteur, on peut en rire ; cependant, si l'on se met à la place de la victime d'une pareille hallucination, on ne saurait être *plus bonhomme* et plus calme que n'était le curé. En fait, cette allocution produisit la fin de l'hallucination. Le persécuteur devint silencieux. La conclusion n'est pas indifférente ; il convient de la retenir. Voici plus fort, et encore moins explicable au point de vue de la conciliation avec les idées scientifiques qui régnaient exclusivement il y a un demi-siècle.

« Un soir M. le curé était venu chez nous voir un malade. A mon retour de l'église, il me dit : *Vous aimez les nouvelles ; eh bien ! je vous en apporte une toute fraîche. Ecoutez ce qui m'est arrivé ce matin. J'avais quelque chose sur ma table ; vous savez ce que c'est ? elle s'est mise à marcher comme un serpent ! Cela m'a un peu effrayé. Vous savez qu'il y a une corde au bout : j'ai pris cette corde ; elle était aussi raide qu'un morceau de bois : je l'ai remise sur ma table ; elle a recommencé à marcher jusqu'à trois fois.* »

L'objet dont le curé d'Ars omet le nom, se bornant à dire : *vous savez ce que c'est ?* était sa *discipline*, mot inconnu à plus d'un lecteur dans le sens où il faut l'entendre, c'est-à-dire dans le sens d'un *fouet* servant aux personnes qui mortifient leur chair afin de se placer au-dessus de ses exigences.

La *discipline* et les instruments analogues sont peu en honneur dans les académies et dans les corps savants. Il y a un courant prononcé contre ces moyens de dompter la chair. Maint professeur attribue à ces instruments une influence néfaste sur la raison de ceux qui en usent et refuse la plénitude de la raison aux gens qui se servent habituellement de ces instruments.

Il est difficile de prendre parti sur un point aussi délicat. Il en est des effets de la discipline comme des effets du vin, du tabac et de l'alcool; on peut disserter à perte de vue sans pouvoir conclure. L'abus de la discipline peut amener de fâcheux accidents cérébraux : toutefois, l'usage *modéré et raisonné* de la discipline ne saurait être comparé à *l'abus* ; pas plus que l'ingestion à intervalles comptés d'une dose mesurée de vin ou d'alcool ne saurait être identifiée à l'absorption quotidienne et irréfléchie de plusieurs verres d'absinthe.

Une règle pour distinguer l'abus de l'usage, c'est l'état de santé de la personne qui emploie la discipline. Si cet état se maintient florissant, j'entends par là, s'il permet de vaquer avec sérénité et bonne humeur à de multiples occupations, il est admissible qu'il n'y a pas excès de macération de la chair. Tel était le cas de M. Vianney : âgé de quarante ans en 1826, il exerça alertement pendant plus de trente années un service paroissial extrêmement chargé.

Un académicien qui ne s'est jamais appliqué la discipline refusera d'admettre cet argument : il niera que l'usage de la discipline puisse être *modéré* ou *raisonné*. Selon ce professeur, le premier coup de discipline constitue l'*abus*. A une pareille façon de raisonner, la réponse est difficile. Il suffit d'observer que l'affirmation de ce savant ne saurait constituer une démonstration, si incontestable que paraisse l'autorité scientifique de ce docte physiologiste.

Sur ce point particulier, le docteur Gibier, bien que n'admettant à aucun degré les dogmes catholiques et les règles de discipline qui en découlent, a formulé des considérations scientifiques indiquant que l'ascétisme avec ses conséquences relatives à la chair conférait à l'homme des facultés *surordinaires* au point de vue de la réalisation des phénomènes transcendants de la magie.

L'ascétisme, avec son cortège de mortifications, a-t-il conféré des facultés *surordinaires* au curé d'Ars ?

Cela ne résulte pas des hallucinations précédemment rapportées, même en attachant à ces phénomènes le sens que leur attribue le curé d'Ars, savoir d'être l'œuvre de son persécuteur, le GRAPPIN, *alias* le démon.

Dans le livre du docteur Gibier, les facultés *surordinaires* s'entendent de la faculté d'extérioriser son propre périsprit pour *agir* sur la matière. Dans le cas des précédentes vexations du curé d'Ars, la faculté de subir des hallucinations est une faculté *passive*. Ce pouvoir est beaucoup plus désagréable qu'il n'est avantageux.

Toutefois, malgré la différence qui sépare l'*actif* du *passif*, il y a entre les deux facultés un trait commun : percevoir les forces invisibles au commun des hommes et *connaître* ces forces. Si peu utile, si peu agréable que soit pareille connaissance lorsqu'elle se traduit par des coups reçus, par des insomnies, par des contrariétés, elle a un rapport prochain avec *la connaissance des phénomènes transcendants* telle que l'enseigne le docteur Gibier (page 156) :

« La grande majorité des êtres humains, pour ne parler que de ceux-là, sont des commatériels. Mais il existe des individus qui, *naturellement* ou par suite du *régime diététique* dont j'ai fait mention, possèdent la faculté, le pouvoir d'extérioriser, c'est-à-dire de *projeter*, d'étendre *leur force animique à une distance plus ou moins éloignée* de leurs personnes et de faire produire à cette force des *phénomènes de divers ordres* aussi bien sur les plans physique et animique que sur le plan intellectuel. »

Cela est-il clair ? Oui, en ce sens que le docteur Gibier prête un pouvoir particulier aux personnes chastes, sobres, mortifiant leur chair ; c'est là ce qu'il faut entendre sous les mots *régime diététique*.

Le curé d'Ars possédait-il ce pouvoir ? Nous l'examinerons plus tard ; pour le moment, nous savons seulement que M. Vianney était victime d'un pouvoir *particulier et invisible* produisant des *phénomènes de divers ordres*, en dehors des lois ordinaires du monde physique.

Ces considérations sont provoquées par le trait des *Notes de Catherine* relatif à la discipline du curé d'Ars ; il convenait de les indiquer avant de passer outre aux conséquences que ce *mot* aurait pu suggérer naturellement à un lecteur imbu des tirades de nos professeurs sur *l'abrutissement intellectuel* résultant nécessairement des mortifications de M. Vianney. Voici comment continuent les *Notes de Catherine*, à propos de la discipline qui se mêlait de marcher, à la façon d'un serpent :

« *Vous faisiez peut-être branler votre table* ? objecta une des maîtresses présentes à la conversation. *Non* ! reprit M. le curé, *je ne la touchais pas* ! »

A ce sujet, l'abbé Monnin émet les réflexions suivantes (page 331) : « Voilà des témoignages bien nets, bien précis, et dont le curé d'Ars n'était pas avare ; n'importe ! les *démentis persévérèrent*. Ils partaient surtout des rangs du clergé, qu'on a tort, soit dit en passant, de supposer crédule. »

L'histoire des ces *démentis* est résumée par l'abbé Monnin. C'est dommage au point de vue spécial de cette étude. Toutefois, il est bon de profiter des indications de l'abbé Monnin pour apprécier l'état de cette grave question : « Les confrères du curé d'Ars se montraient en général peu disposés à admettre la réalité de ces manifestations diaboliques : ils leur cherchaient des causes *surnaturelles* et physiologiques... » Il est probable qu'une erreur typographique a substitué le mot *surnaturelles* à un autre adjectif ayant un sens différent, par exemple au mot *naturelles*. «... et croyaient en trouver dans les jeûnes et les veilles immodérés du saint homme : explication sommaire et commode plus que satisfaisante. » C'est, en somme, l'opinion déjà examinée plus haut : elle peut se défendre ; les raisons précédemment données semblent cependant condamner l'épithète *immodérés* accolé *aux jeûnes et aux veilles* du curé d'Ars. Ces jeûnes et ces veilles étaient *réglés* et *modérés*, si l'on juge d'après la santé de M. Vianney à cette époque et pendant les trente-trois années suivantes.

« *Si le curé d'Ars vivait comme les autres*, disaient-ils, *s'il prenait sa dose de sommeil et de nourriture*, l'effervescence de son imagination se calmerait, son cerveau ne se peuplerait pas de spectres et *toute cette fantasmagorie infernale s'évanouirait!* »

L'argument ne manquait pas d'à propos :

cependant il fut réfuté dans une certaine mesure par un évènement rapporté ainsi par l'abbé Monnin :

« Au plus fort de ces préventions, voici ce qui arriva : — ce drame infernal a été raconté de la même manière par les différentes personnes qui en furent témoins; *un de ces témoins vit encore* et s'est offert à en signaler les détails. — C'était dans l'hiver de 1826; il y avait à *Saint-Trivier-sur-Moignans* un vénérable curé, nommé *M. Granger*, qui s'était mis en rapport avec l'abbé Vianney, dès les premiers jours de son ministère à Ars, il avait su l'apprécier et il le voyait souvent. Jaloux de procurer à ses paroissiens le bienfait de la présence au milieu d'eux d'un prêtre si mortifié et si zélé, il le pria de se joindre aux missionnaires qui donnaient alors les exercices du grand jubilé. »

L'épisode de Saint-Trivier-sur-Moignans présente quelque intérêt, en ce que ce village était assez éloigné d'Ars, localité où M. Vianney avait subi les persécutions relatées plus haut. N'étant plus à son logis habituel, le curé d'Ars se trouvait dans de toutes autres conditions au point de vue des circonstances matérielles qui avaient accompagné les précédentes hallucinations.

« M. Vianney consentit à tout ce que son voisin voulut ; il resta trois semaines à Saint-Trivier, prêcha de temps en temps et confessa beaucoup. Comme les vexations auxquelles il était en butte, de la part du démon, faisaient alors grand bruit, ses confrères s'en amusaient et lui disaient sur le ton du badinage : *Allons ! Allons ! cher curé ! faites comme les autres ! nourrissez-vous mieux ! C'est le moyen d'en finir avec toutes ces diableries.* »

Ce qui fait le prix de cet épisode, c'est le nombre des acteurs et partant des témoins de la scène qui suivit : il faut regretter que leurs noms n'aient pas été tous conservés par l'abbé Monnin.

« Un soir, on le prit sur une gamme plus haute ; la discussion s'anima du côté des contradicteurs ; leur raillerie s'échappa en jets plus amers et moins contenus. Il fut convenu que toute *cette mystique infernale* n'était que *rêverie*, délire, *hallucination* et le pauvre curé fut traité en toutes lettres de *visionnaire* et de *maniaque*. Il ne répondit pas un mot à ces savantes diatribes ; il se retira dans sa chambre, insensible à tout, sauf à la joie d'avoir été humilié. »

Ce qui rend cette mise en scène curieuse, c'est ce qui va la suivre ; il faut regretter, toutefois, que sur un épisode aussi singulier l'abbé Monnin n'ait pas eu le soin de placer un certain nombre de noms propres. Si l'abbé Monnin vit encore aujourd'hui et qu'il puisse compléter cette portion de son récit, cela ne serait pas indifférent à la démonstration.

« Un instant après, MM. les rieurs se souhaitaient une bonne nuit et gagnaient leur appartement respectif, avec l'insousiance de sages, qui, s'ils croyaient au démon, n'avaient du moins qu'une foi très médiocre à son intervention dans les affaires du curé d'Ars. Mais, voilà qu'à minuit, ils sont réveillés en sursaut par un horrible fracas : la cure est sens dessus dessous : *les portes battent;* les vitres frissonnent ; *les murs chancellent;* de sinistres craquements font craindre qu'ils ne s'écroulent. En un instant, tout le monde est debout. »

Voilà une forme du phénomène toute différente des hallucinations rapportées plus haut : ce mouvement extraordinaire des portes, des vitres, des murs, ces craquements, constituent évidemment une cinquième forme aux phénomènes déjà rapportés.

« On se souvient que le curé d'Ars a dit : *Vous ne serez pas étonnés si, par hasard, vous entendez du bruit cette nuit.* On se précipite dans sa chambre..., il reposait tranquillement. *Levez-vous, lui crie-t-on, la cure va tomber ! — Oh ! je sais bien ce que c'est !* répondit-il en souriant. *Il faut aller vous coucher ; il n'y a rien à craindre.* On se rassure et le bruit cesse. »

Il semble résulter de cette courte description du phénomène que la cause échappait aux témoins. Les mots du curé d'Ars : *Oh ! je sais bien ce que c'est !* signifient-ils : *Je suis accoutumé à ces illusions ?* cela est admissible ; toutefois cela peut impliquer aussi que les hôtes de la cure ne devinaient pas la cause du phénomène.

En pareille matière, la précision des détails constitue le trait caractéristique du phénomène. L'impression produite sur les témoins du phénomène ne vient qu'après. Enfin sur ce *substratum* s'exerce la conviction du lecteur et la critique scientifique. Tels sont les trois termes à observer.

« A une heure de là, quand tout est redevenu silencieux, un léger coup de sonnette retentit. L'abbé Vianney se lève et trouve à la porte *un homme qui avait fait plusieurs lieues* pour aller se confesser à lui. *Il se rend aussitôt à l'église* et y reste jusqu'à la messe, occupé à entendre un grand nombre de pénitents. »

Pourquoi commenter ces deux nouveaux phénomènes ? Ils rentrent dans l'ordre naturel ; toutefois ils révèlent un horizon singulier. Le renom du curé d'Ars était tel qu'on venait de *plusieurs lieues* sonner à son nouveau logis entre *une heure et deux heures de la nuit*, en hiver. L'affluence de pénitents était telle qu'à partir de cette heure très matinale, il y avait assez d'occupations au saint curé pour ne pas regagner son logis ! Il y a là une constatation aussi singulière dans son genre que la bizarrerie des hallucinations dont M. Vianney était persécuté.

Un des missionnaires, M. l'abbé Chevalon, de pieuse mémoire, ancien soldat de l'Empire, demeura si frappé de cette étrange aventure qu'il disait en la racontant : *J'ai promis au bon Dieu de ne plus plaisanter sur ces histoires d'apparitions et de bruits nocturnes, et, quant au curé d'Ars, je le tiens pour un saint.*

Le témoignage de l'abbé Chevalon n'est pas inutile : il montre un revirement d'opinions justifié par l'expérience. Il faut regretter que l'abbé Monnin n'ait pas cité une liste plus longue de témoignages analogues. L'abbé Monnin exprime les réflexions suivantes au sujet des persécutions dont M. Vianney était l'objet :

« Chaque fois que les taquineries du démon redoublaient de *fréquence* et *d'intensité*, le curé d'Ars prévoyait que la grâce lui amènerait bientôt quelque grand pécheur à convertir ; *ses pressentiments étaient rarement trompés* ; si bien que, par la suite, au lieu de se troubler de cette recrudescence de colère infernale, il l'accueillait comme le *signe avant-coureur des miséricordes de Dieu* et des consolations réservées à son ministère. Souvent, quand il se levait après une *nuit de luttes et d'insomnies cruelles*, il trouvait à la porte des *étrangers qui avaient marché toute la nuit* et qui le priaient d'entendre leurs confessions. »

Libre à chacun d'apprécier à sa guise le lien imaginé par M. Vianney entre les hallucinations qui le persécutaient, et les consolations qui le visitaient sous forme de méchants revenant au bien. C'est le fameux *post hoc, ergo propter hoc!* La plupart des intelligences l'appliquent inconsciemment quand la répétition des deux phénomènes se produit un certain nombre de fois. Au point de vue de la science actuelle, l'association de ces deux phénomènes est assez bizarre pour ne pouvoir être invoquée comme celle de cause à effet. Tel était le sentiment de M. Vianney. C'est déjà beaucoup. Il serait téméraire de rien ajouter ou de rien retrancher à ce sentiment qui, dans l'espèce, est celui qui présente le plus d'autorité.

Voici une sixième forme des phénomènes hallucinatoires subis par le curé d'Ars :

« L'esprit du mal variait ses moyens d'attaque : il ne se contentait plus de frapper aux portes et de troubler le repos de M. Vianney par des bruits effrayants, il était sans cesse à imaginer de nouveaux tours dont l'audace déguisait mal la faiblesse. Souvent il se cachait sous son lit, voire sous son chevet, et faisait, toute la nuit, retentir à son oreille *tantôt des cris aigus*, tantôt des gémissements lugubres, des *plaintes étouffées*, de faibles soupirs; quelquefois il l'entendait geindre bruyamment comme un homme qui se livre à un travail pénible; d'autres fois, *râler comme un malade à l'agonie.* »

Cette sixième forme de l'hallucination est des plus curieuses : elle présente une variété telle que l'on oserait à peine le supposer; c'est la fable antique de Protée.

Nous omettons un certain nombre de phénomènes secondaires, rapportés par l'abbé Monnin, pour arriver à une septième forme de l'hallucination : elle est encore plus extraordinaire que les autres :

« M. Vianney ayant été appelé à *Montmerle* après la mission de Saint-Trivier, le démon le suivit sur ce nouveau théâtre de son zèle, et comme il devait y faire beaucoup de bien, le mauvais esprit s'apprêta lui-même à lui faire le plus de mal qu'il pourrait; c'est pourquoi il le molesta de son mieux et sans répit. *Dès la première nuit*, il le traîna dans son lit tout autour de sa chambre, en sorte qu'il ne put fermer l'œil. »

Cela est singulier : mais voilà une huitième forme de l'hallucination encore plus bizarre ! « Le lendemain, M. Vianney s'étant rendu à l'église de bonne heure, suivant son habitude, trouva la foule entourant son confessionnal ; mais *à peine y fut-il assis qu'il se sentit soulevé et ballotté comme s'il avait été dans une frêle barque sur un courant rapide.* »

L'abbé Monnin ajoute au sujet de ce huitième cas : « M. Vianney a souvent cité ce fait, et la première fois que M. l'abbé Toccanier, alors vicaire de Montmerle, vit le saint prêtre, dont il devait être plus tard le compagnon et l'ami, M. Vianney lui dit : « *J'ai fait une mission chez vous, anciennement, et je m'en suis bien vu avec le grappin. Il s'amusait la nuit à me promener dans ma chambre sur un lit à roulettes.* »

Neuvième forme de l'hallucination : « Quand M. Vianney alla à *Saint-Trivier* pour y prêcher le jubilé, il partit à pied, avant le jour et sans être accompagné ; il marchait en récitant son chapelet ; l'air autour de lui était rempli de lueurs sinistres ; l'atmosphère était comme embrasée, et *de chaque côté de la route les buissons lui paraissaient en feu...* »

Dixième forme de l'hallucination : elle est ainsi rapportée par l'abbé Monnin : « Une des fantaisies les plus bizarres du démon, celle qui trahit le mieux ses ignobles instincts, est l'histoire du tableau contre lequel il s'est acharné si longtemps. M. Vianney avait sur son palier, *à la place même où l'on voit encore aujourd'hui une image grossière de la Sainte-Vierge,* une toile qu'il aimait beaucoup, bien que ce fût une œuvre très-médiocre : c'était *une Annonciation*. Voyant que le curé d'Ars honorait cette sainte image d'un culte particulier, que faisait ce méchant *grappin ?* Tous les jours il la couvrait outrageusement de boue et d'ordure. *On avait beau la laver, on la retrouvait le lendemain plus noire et plus contaminée que la veille.* Ces lâches insultes se renouvelèrent jusqu'à ce que M. Vianney, renonçant aux consolations qu'elle lui donnait, prit le parti de la faire enlever. »

Il est difficile de contrôler, à trente ans de date, l'exactitude d'un phénomène de ce genre : ce phénomène peut sembler aussi peu scientifique que possible, au point de vue des idées actuelles ; toutefois l'abbé Monnin y insiste en ces termes.

« Beaucoup ont été *témoins de ces odieuses profanations,* ou du moins en ont pu observer les traces sensibles. M. Renard dit avoir vu ce tableau indignement maculé : la figure de la sainte Vierge n'était plus reconnaissable ». Non content de ces détails, l'abbé Monnin ajoute encore : « Ce fait doit être mis au rang de ceux dont il est le moins permis de douter. Nous avons entendu le curé d'Ars y faire publiquement allusion, et parmi ses auditeurs assidus, il n'en est point qui n'en sache les détails par cœur. »

L'abbé Monnin raconte d'autres circonstances des persécutions dont l'abbé Vianney fut victime ; voici les plus intéressantes : « Sur la fin de la vie du curé d'Ars, les attaques du démon furent *moins vives* et moins continuelles : *elles cessèrent tout à fait les six derniers mois.* Auparavant déjà, ses malices étaient moins noires et ses menées plus timides... Le prince des ténèbres ne venait plus guère l'importuner la nuit : il se contentait de troubler l'instant de repos que le curé d'Ars prenait après son repas et dont il avait un extrême besoin ». L'abbé Monnin ajoute quelques traits sur ces inoffensives persécutions des dernières années de la vie de M. Vianney : « Tantôt il lui donnait le charivari à sa porte, contrefaisant tour à tour le *grogne-*

ment d'un ours, le hurlement d'un loup, l'*aboiement d'un chien ;* tantôt il l'appelait de sa voix rude et insolente : *Vianney! Vianney! viens donc!* C'est très souvent que le saint homme nous a confié, soit aux uns, soit aux autres, le désappointement qu'il eut un jour, lorsque le diable, détachant *un précieux bénitier* qui était à la tête de son lit, *le mit en pièces sous ses yeux.*

Dans le même ordre de phénomènes, l'abbé Monnin conte l'anecdote suivante : « Plus tard, *une statue de sainte Philomène* avait été entreposée dans une des salles basses du presbytère jusqu'à ce qu'elle fût bénite par M. Vianney et envoyée dans une paroisse de l'Auvergne, en reconnaissance des bienfaits obtenus par l'intercession de la chère et glorieuse thaumaturge. Le jour où cette bénédiction eut lieu, le curé d'Ars dit à son missionnaire et aux personnes présentes à la cérémonie : *Pendant tout le temps que sainte Philomène a été ici, le démon a fait des siennes... Cette statue l'ennuyait ; il a bataillé autour d'elle tant qu'il a pu, mais il s'attaquait à forte partie* ».

Ce n'est pas sans quelque embarras que

l'on commente ces paroles naïves du curé d'Ars. La sagesse de ce bon et simple curé de campagne est différente de la sagesse des académiciens ses contemporains, ce qui, dans un ouvrage scientifique, constitue une antithèse difficile à expliquer. Comment concilier les doctrines scientifiques avec l'opinion de M. Vianney sur l'ennui que la statue de sainte Philomène causait à une *force invisible* et sur le désagrément qui en résultait pour les personnes placées sous le même toit que la statue ? On ne saurait expliquer certains points trop ardus. Le curé d'Ars savait sans doute ce qu'il voulait dire. Si nous ne comprenons pas bien, ce n'est pas une raison suffisante pour nous estimer plus sages que lui !

Il serait téméraire d'admettre aveuglément l'opinion de M. Vianney sur de pareils phénomènes ; cependant, il serait encore plus injuste de la contredire sans de sérieuses raisons. Ce qui est arrivé au curé d'Ars n'est arrivé à aucun de nous. Cela prouve-t-il que cela ne soit pas arrivé à M. le curé d'Ars ? L'observation du docteur Gibier, touchant les *facultés surordinaires* appartenant aux hommes ayant suivi un régime diététique, doit-elle être étendue à la passivité tout comme à l'activité de ces facultés surordinaires ? Peut-être.

Les citations empruntées déjà à l'ouvrage de l'abbé Monnin suffisent à faire connaître les phénomènes de la persécution dont M. Vianney fut victime. Force est d'omettre l'incendie du lit du curé d'Ars, incendie attribué à la même cause invisible que les persécutions déjà exposées. Voici qui est plus intéressant (page 346) : « Le curé d'Ars a-t-il été seul à entendre les bruits dont nous avons parlé, ou bien a-t-on des exemples que d'autres personnes aient été témoins immédiats de ces manifestations surnaturelles ? *Les exemples, il est vrai, n'en sont pas très nombreux.* Il en est pourtant d'assez remarquables, sans parler de ceux que nous avons mentionnés en commençant. »

L'abbé Monnin convient que ces exemples sont rares ; si rares qu'ils soient, j'hésite à les citer, de peur de donner à la relation de ces phénomènes une ampleur trop grande :

« En 1829, au plus fort des vexations subies par M. Vianney, *un jeune prêtre du diocèse de Lyon*, le fils de la bonne veuve d'Ecully, *l'abbé Bibost* vint à Ars faire une retraite auprès de l'homme de Dieu. M. Vianney, qui avait encouragé et guidé ses premiers pas dans la carrière sacerdotale, le reçut avec une extrême bonté et voulut qu'il logeât chez lui. *Je connaissais particulièrement ce prêtre,* dit M. l'abbé Renard, *et la Providence me favorisa en faisant coïncider avec le sien un voyage que je fis dans ma paroisse natale.* Dès notre première entrevue, la conversation tomba sur les choses extraordinaires qui se passaient à Ars et dont la rumeur remplissait le pays. *Vous couchez à la cure,* lui dis-je; *eh bien ! vous allez me donner des nouvelles du diable. Est-il vrai qu'il y fait du bruit ? L'avez-vous entendu ? Oui,* me répondit-il, *je l'entends toutes les nuits ; il a une voix aigre et sauvage qui imite le cri d'une bête fauve.* Il s'attache aux rideaux de M. le Curé et les agite avec violence. Il l'appelle par son nom : J'ai saisi très distinctement ces paroles : *Vianney, Vianney, que fais-tu là ? va-t-en ! va-t-en !* — Ces bruits et ces cris ont dû vous effrayer? —*Pas précisément, je ne suis pas peureux,* et, d'ailleurs, la présence de M. Vianney me rassure. Je me recommande à mon ange gardien, et je viens à bout de m'endormir. *Mais je plains sincèrement le pauvre curé*; je ne voudrais pas demeurer toujours avec lui. Comme je ne suis ici qu'en passant, je m'en tirerai aussi bien que mal, à la garde de Dieu ! — *Avez-vous questionné M. le curé là-dessus ?* — Non ! La pensée m'en est venue plusieurs fois ; mais *la crainte de lui faire de la peine m'a fermé la bouche*. Pauvre curé ! Pauvre saint homme ! Comment peut-il vivre au milieu de ce tapage? »

Ce témoignage de l'abbé Bibost, transcrit par l'abbé Renard et reproduit ensuite par l'abbé Monnin, serait décisif si la matière était de moindre importance : on conçoit que plus un phénomène a de gravité, plus sérieuses doivent être ses preuves ! Or, le phénomène actuel est la négation de la doctrine matérialiste qui a formé les plus grands savants depuis un demi-siècle ; c'est la négation de la science officielle ; on conçoit que, vu la conséquence du phénomène, on souhaiterait des témoignages plus formels et plus clairs que le précédent.

On condamne à cinq francs d'amende pour une contravention sur un témoignage clair, précis, fût-il unique ! On absout d'un crime capital sur un témoignage identique, à cause de l'horreur que causerait une discordance possible entre la réalité et le témoignage ! L'on a raison ! L'homme n'a pas une seule logique : il a autant de logiques que d'intérêts. C'est avec raison que l'on doute que *deux et deux fassent quatre*, quand il en dépend une exécution capitale. Au contraire, aucune raison d'hésiter, quand il s'agit d'un théorème de géométrie ou d'un corollaire de mécanique parfaitement inoffensifs !

Voici une nouvelle confirmation testimoniale des phénomènes dont M. Vianney était victime ; le nom du témoin n'est pas cité : « En 1842, il vint à Ars un ancien militaire attaché dans ce temps-là à une brigade de notre gendarmerie départementale. Ce brave homme *s'était levé à minuit* et, mêlé à un groupe de pieux fidèles, *il attendait à la porte de l'église* l'arrivée de M. Vianney. » Ce passage confirme l'originalité des mœurs d'Ars à cette époque. Se lever à minuit, aller attendre à la porte de l'église, s'y trouver avec un groupe d'autres personnes attendant de même à la porte, c'est une contradiction manifeste aux habitudes et aux pratiques de l'année 1842. L'abbé Monnin poursuit ainsi :

« Comme le saint curé tardait à paraître, ce brave homme avait senti le besoin de s'isoler, et, *pour vaincre le sommeil*, il avait fait quelques pas autour de la cure. Cet homme était triste : il avait eu de récents chagrins ; il lui en restait un sentiment vague d'inquiétude et de terreur religieuse dont il ne se rendait pas compte. Ce sentiment le poussait vers Dieu, mais il hésitait sur le seuil du confessionnal. La vérité l'attirait et lui faisait peur; beaucoup d'âmes ont connu ces combats... Pour l'amener à faire le pas décisif, il fallait une force plus grande que celle de ses réflexions aidées du silence de la nuit. »

Ces dernières considérations de l'abbé Monnin lui sont-elles personnelles ? je ne sais au juste ; du moins, il paraît ainsi ; elles ne sont d'ailleurs pas indispensables à l'exposition du phénomène lui-même. « Tout à coup, il est arraché à sa rêverie par un bruit étrange qui semblait partir de la fenêtre du presbytère. Il écoute... une voix forte, aigre et stridente répète, à plusieurs reprises, ces mots qui arrivent distinctement à son oreille : *Vian-*

ney! Vianney! viens donc! viens donc! Ce cri le glace d'horreur. Il s'éloigne en proie à la plus vive agitation. Une heure sonnait en ce moment à la grande horloge du clocher. »

Telles sont les circonstances essentielles du phénomène. La suite a seulement un lien de succession avec le phénomène lui-même. « Bientôt M. le curé paraît, une lumière à la main. Il trouve cet homme encore tout ému ; il le rassure, le conduit à l'église, et, avant de l'avoir interrogé, avant d'avoir entendu le premier mot de son histoire, il le stupéfie par ces paroles : *Mon ami! vous avez des chagrins; vous venez de perdre votre femme, à la suite de ses couches. Mais ayez confiance! le bon Dieu viendra à votre aide... Il faut d'abord mettre ordre à votre conscience; vous mettrez ensuite plus facilement ordre à vos affaires.* »

N'aurait-il d'autre avantage que de faire connaître un coin du caractère de M. Vianney et de son interlocuteur, ce dialogue n'est pas inutile ; quant à ce qui est du témoignage relatif au phénomène hallucinatoire, il est achevé; les lignes suivantes ne contiennent rien qui y soit relatif : « *Je n'essayai pas de résister*, dit le gendarme, *je tombai à genoux comme un enfant et je commençai une confession.* Dans mon trouble, je pouvais à peine lier deux idées ; mais le bon curé m'aidait. Il eut bientôt pénétré le fond de mon âme ; *il me révéla des choses dont il ne pouvait avoir connaissance* et qui m'étonnèrent au-delà de toute expression. *Je ne croyais pas qu'on pût lire ainsi dans les cœurs.* »

Si l'on prenait à la lettre ces derniers mots, on pourrait prêter au curé d'Ars une sorte de divination. Il se trouve dans la vie de M. Vianney un certain nombre de faits pour confirmer cette manière de voir. Toutefois, il y a grave difficulté à discuter la faculté divinatoire ; les phénomènes de cet ordre échappent à la critique et au contrôle beaucoup plus que les phénomènes hallucinatoires dont il vient d'être parlé longuement. Il y a lieu pour le moment de ne pas insister sur cette faculté de divination.

Pour une raison analogue, il y a lieu de passer sous silence le colloque du 23 janvier 1840, entre le curé d'Ars et une personne que l'abbé Monnin omet de nommer, et qui était présumée *tourmentée* par une *larve*, comme dirait le docteur Gibier, POSSÉDÉE, selon le terme théologique exprimant le phénomène d'incarnation d'un esprit dans la personne désignée.

Au point de vue théologique, ce dialogue peut servir de base à une discussion. Au point de vue scientifique, c'est autre chose. La science actuelle nie purement et simplement la possibilité des phénomènes de *possession*. Elle explique ces phénomènes à la façon du docteur Charcot expliquant les phénomènes historiques de possession de Loudun, par une série de suggestions inconscientes.

La science a-t-elle tort? a-t-elle raison? il importe peu au point de vue de celui qui expose impartialement les phénomènes. En effet, du moment où la science repousse en bloc ces phénomènes comme provenant de larves ou de démons, du moment qu'elle les imite, les explique, les reproduit comme phénomènes somnambuliques, il est sage de ne pas y insister, et de concentrer l'effort de l'exposition sur les phénomènes *plus simples*, tels que les vexations dont M. Vianney fut victime et que l'on peut *plus vraisemblablement* attribuer à une *larve*.

Cette dernière attribution est encore assez risquée : toutefois le livre du docteur Gibier, et un certain nombre d'ouvrages similaires écrits par des hommes de science, dont je n'ai pas encore parlé, rendent cette attribution plus admissible, au point de vue scientifique.

La sagesse consiste à exposer les phénomènes qui se rapprochent le plus de ceux qui ont été reproduits par des savants et à partir de ces phénomènes pour prolonger la comparaison aussi loin qu'elle est admissible. A ce point de vue, le livre du docteur Gibier est fort précieux : il démolit par la base la doctrine matérialiste. Du moment qu'il existe des esprits, du moment que ces *larves* interviennent sur le dos du docteur pour le battre, la doctrine de nos plus savants hypnotiseurs devient caduque. Le rôle des esprits serait en effet bien restreint s'il devait se borner à battre de temps en temps un docteur en médecine se livrant à des recherches psychiques et manifestant une médiocre estime pour certains auteurs d'*écriture spontanée* !

Toute autre est la conséquence immédiate des phénomènes qui font partie intégrante de l'existence du curé d'Ars. Le rôle des *larves* prend une importance considérable pour qui comprend la philosophie de ces phénomènes de la manière dont l'envisageait M. Vianney. Le point de vue du curé d'Ars est-il bon? C'est là que l'on est arrêté par la science actuelle. Nos savants — même le docteur Gibier, on pourrait dire surtout le docteur Gibier — sont brouillés avec la théologie catholique, tandis que le curé d'Ars explique les phénomènes avec les lumières de la théologie catholique.

Exposer les faits d'une manière scientifique consiste à rapprocher les évènements appartenant à la vie du curé d'Ars des phénomènes magiques ou thaumaturgiques mis en avant dans les livres écrits suivant la formule de la science du jour. Quant aux évènements magiques ou thaumaturgiques qui peuvent malaisément subir ce rapprochement immédiat, ce n'est qu'à leur tour qu'ils seront utilement examinés dans une étude s'adressant aux hommes de science.

La vie du curé d'Ars est bourrée de faits de ce genre. La plupart sont difficiles à concilier avec les vues scientifiques qui ont cours dans les académies. On pourrait entasser pages sur pages en empruntant à la biographie de M. Vianney des récits bizarres, incroyables, renversant les idées habituelles. A quoi bon ? Pour procéder scientifiquement, il faut marcher pas à pas, sans hâte, sans être pressé de courir ou de sauter par-dessus les obstacles ; il faut surtout reconnaître, sans parti pris, ce que chaque phénomène contient de certain, ce qu'il renferme de probable, ce qu'il présente de douteux et de contradictoire. Après avoir fait la sommation de ce que vaut une série de phénomènes ; après avoir additionné ce qui est certain et ce qui est contradictoire ; après avoir fait la même opération pour ce qui paraît simplement probable ou douteux, le savant peut essayer quelques pas en avant, en se fondant plus ou moins solidement sur les données acquises grâce aux recherches antérieures.

Si lentement que le savant paraisse marcher au gré de la *folle du logis*, il va encore trop vite au gré des gens qui ont leur *siège fait*, qui, pour revenir de leurs vieux préjugés, réclament double et triple preuve !

Tel est le motif pour lequel il convient

d'omettre des faits qui ont tenu une grande place dans la vie du curé d'Ars. Les phénomènes d'hallucination dont la description a été reproduite d'après l'abbé Monnin sont déjà trop en dehors des idées scientifiques pour être acceptés sans d'expresses réserves. Les faits relatifs à la *possession* sont encore plus difficiles à faire admettre. En effet, la possession est un phénomène qui échappe aux sens des témoins. La critique des réponses formulées par les *possédés* révèle-t-elle nettement l'intervention d'un agent préternaturel ? Sur cette question, il est malaisé de s'entendre. Là où un théologien voit manifestement la lucidité d'un agent préternaturel, un académicien découvre un phénomène de suggestion. Bref, en ce qui est de l'exposition des circonstances de pareils phénomènes, il faut réunir des détails minutieux pour ébaucher une preuve. Habituellement, ces détails sont omis dans les récits de ces singuliers phénomènes : d'où, un doute épais sur la cause de ces phénomènes.

Un procès-verbal, rédigé par des greffiers dignes de foi, relaterait, dans une de ces séances de possession, l'annonce d'une série de faits à venir, nombreuse, graduée, relative à un nombre élevé de personnages connus, féconde en péripéties, frappant vivement l'imagination ! Il y aurait là une preuve décisive ou tout au moins un commencement de preuve décisive, au fur et à mesure que la succession des faits annoncés se déroulerait conformément à l'annonce libellée au procès-verbal authentique. Il est à remarquer d'ailleurs que cette preuve serait décisive surtout pour les contemporains du procès-verbal, et pour ceux de ces contemporains qui auraient eu le loisir de s'assurer personnellement de son authenticité. Pour la génération suivante, il y aurait nécessité de se fier à cette authenticité et aux récits la confirmant ; ce qui ne va pas tout seul, pour peu que des intérêts particuliers ou publics se mêlent à cette question d'authenticité. Pour maintenir à ces faits leur valeur décisive, il faudrait la concordante unanimité des histoires et la parfaite conservation des archives, deux choses qui ne se rencontrent guère dans les annales du genre humain !

Les histoires des hommes sont écrites en vue d'intérêts divers, jamais dans l'intérêt de la pure vérité : il ne faut guère s'étonner si les interprétations actuelles d'évènements tels que les *possessions de Loudun* diffèrent grandement des opinions d'alors. De même, les phénomènes de possession qui appartiennent au ministère du curé d'Ars seront interprétés par les docteurs de nos académies d'une manière opposée à l'opinion de M. l'abbé Monnin : force est dans un livre scientifique de ne pas mettre aux prises des opinions opposées, quand il n'existe pas de solution scientifique pour les accorder.

Le curé d'Ars fut un thaumaturge. C'est ainsi que les théologiens désignent l'homme appelé à produire des effets surnaturels, par la guérison des maladies, par la conversion des impies, par la manifestation de divers ordres de phénomènes singuliers. De plus, le curé d'Ars était un saint, c'est-à-dire que les théologiens rapportent à Dieu la cause de ces effets surnaturels. Il peut, en effet, d'après les théologiens, surgir des thaumaturges devant leur puissance à l'ennemi de Dieu : les théologiens insistent sur les deux sortes de thaumaturges et sur les difficultés parfois inextricables que présente l'attribution des phénomènes surnaturels à Dieu ou à l'ennemi de Dieu.

L'APPARITION DE LA SALETTE

On se fait souvent une idée fausse de l'intelligence et du travail intellectuel des thaumaturges. Les théologiens, au lieu de conserver aux documents leur couleur et leur sens, y ajoutent fréquemment des considérations de leur crû qui dénaturent les phénomènes, qui les privent de leur exactitude, et par suite de leurs caractères scientifiques.

A titre de document, voici un entretien de l'abbé Monnin avec le curé d'Ars sur un des points les plus discutés de la thaumaturgie contemporaine. Voici comment l'abbé Monnin rapporte ces entretiens à la page 203 du second volume du *Curé d'Ars* :

« Deux fois nous avons eu nous-même sur ce sujet délicat un entretien à fond avec le serviteur de Dieu, *en présence d'un petit nombre de témoins* qui doivent se rappeler aussi bien que nous les termes de cette conversation confidentielle. Les voici dans toute leur simplicité ; si nous y changeons malgré nous quelque chose c'est le peu que notre mémoire en a laissé échapper *depuis six ans*. »

Il s'agit de ce qui a été appelé l'*Apparition de la Salette*. Ce phénomène a pris une importance historique qui ne permet pas de le négliger dans un essai sur la thaumaturgie du XIXᵉ siècle. Quelle que soit l'explication véritable de ce fait, il faut rapporter les contradictions avec lesquelles a été accueillie la narration du phénomène.

A cet égard, l'entretien qui suit est des plus instructifs. C'est un document des plus sûrs, de quelque manière que l'on envisage le phénomène lui-même.

« D. — Monsieur le Curé, que faut-il penser de la Salette ?

R. — *Mon ami, vous pouvez en penser ce que vous voudrez : ce n'est pas un article de foi. Moi, je pense qu'il faut bien aimer la Sainte-Vierge.*

D. — Y aurait-il de l'indiscrétion à vous demander de vouloir bien nous raconter ce qui s'est passé entre vous et Maximin, dans cette entrevue dont on fait tant de bruit ? Quelle est au juste l'impression qui vous en est restée ?

R. — *Si Maximin ne m'a pas trompé, il n'a pas vu la Sainte-Vierge.*

D. — Mais, Monsieur le Curé, on dit que l'abbé Raymond avait poussé à bout cet enfant, et que c'est pour se débarrasser de ses obsessions qu'il a dit n'avoir rien vu.

R. — *Je ne sais pas ce que M. Raymond a fait ; mais je sais bien, moi, que je ne l'ai pas tourmenté. Je n'ai fait que lui dire quand on me l'a amené :* C'est donc vous, mon ami, qui avez vu la Sainte-Vierge ?

D. — Maximin ne disait pas qu'il avait vu la Sainte-Vierge ; il disait seulement qu'il avait vu une grande dame... il y a peut-être là-dessous un malentendu.

R. — *Non, mon ami, le petit m'a dit que ce n'était pas vrai ; qu'il n'avait rien vu.*

D. — Comment se fait-il que vous n'ayez pas exigé de lui une rétractation publique ?

R. — Je lui ai dit : *Mon enfant, si vous avez menti, il faut vous rétracter.* — Ce n'est pas nécessaire, *m'a-t-il répondu,* ç'a fait du bien au peuple. Il y en a beaucoup qui se convertissent. *Puis il a ajouté :* Je voudrais faire une confession générale et entrer dans une maison religieuse. Quand je serai au couvent, je dirai que j'ai tout dit et que je n'ai plus rien à dire. *Alors, j'ai repris :* Mon ami, ça ne peut pas aller comme ça ; il faut que je consulte mon évêque. — *Eh bien! Monsieur le Curé, consultez. Mais ce n'est pas la peine!* Là-dessus, Maximin a fait sa confession.

Si l'on pèse les termes de ce document, on aperçoit la simplicité d'esprit de M. Vianney, son renoncement à tout appareil théologique. Le curé d'Ars cherche la vérité : il trouve une claire contradiction à la croyance universelle. Cette contradiction lui suffit comme s'il s'agissait d'un phénomène ordinaire. D'un esprit non prévenu, sans colère, sans contrariété, à la façon du sage qui cherche la vérité, M. Vianney apostrophe le témoin de l'*Apparition de la Salette* : « Mon ami! ça ne peut pas aller comme ça. » Vainement le témoin menteur prononce ces paroles audacieuses : « Ce n'est pas nécessaire, ç'a fait du bien au peuple! », M. Vianney n'admet pas le mensonge comme un moyen d'édifier le peuple!

L'entretien du curé d'Ars avec Maximin, c'est l'antithèse de l'homme simple et droit avec le fourbe et le menteur. Quant à la conclusion de M. Vianney sur le phénomène de la Salette, la voici telle que la rapporte l'abbé Monnin.

« M. Vianney ajoutait : *Il ne faut pas se tourmenter de cela..., Si ce n'est pas vrai,* ça tombera tout seul. Si c'est l'œuvre de Dieu, les hommes auront beau faire, ce ne sont pas eux qui la détruiront!

D. — Monsieur le Curé, êtes-vous sûr d'avoir bien entendu ce que Maximin vous a dit!

R. — Oh! très sûr! Il y en a bien par là qui ont voulu dire que j'étais sourd... que n'a-t-on pas dit! Il me semble que ce n'est pas comme ça qu'on défend la vérité. »

Après cet intéressant dialogue viennent les réflexions de l'abbé Monnin :

« Voilà le résumé consciencieux de notre entretien et le compte-rendu fidèle de la trop célèbre entrevue du curé d'Ars avec Maximin. Nous avons recueilli toutes ces paroles de la bouche du vénérable M. Vianney et il N'A JAMAIS PARLÉ AUTREMENT. Il a cru, c'est incontestable, que Maximin lui avait affirmé *qu'il n'avait pas vu la Sainte-Vierge ; qu'il n'avait rien vu.* Et cette déclaration nette et catégorique l'a mis dans une grande perplexité. »

Cette page du livre de l'abbé Monnin est des plus caractéristiques pour peindre le grand thaumaturge de notre siècle et un des plus saints, d'après les théologiens les plus autorisés de notre époque. Sur le phénomène de la Salette, le grand thaumaturge n'avait d'autre moyen d'investigation que la droiture et le bon sens. Aucune révélation surnaturelle, aucune lucidité particulière à sa situation de thaumaturge ne lui donnait d'indications. L'abbé Monnin a retracé avec netteté la lutte engagée entre le cœur de M. Vianney et son intelligence, après la démoralisante déclaration du petit berger !

« Le curé d'Ars inclinait à croire, et par le penchant de son cœur et après le mandement de Monseigneur l'évêque de Grenoble, *par le respect qu'il avait pour l'autorité épiscopale*; mais dans sa droiture et sa simplicité, *il lui était impossible de se persuader qu'il n'avait pas entendu* ce qui avait été si clairement et si distinctement articulé ; *il luttait sans espoir contre les doutes cruels causés par les paroles de Maximin.* »

Cette page mérite d'être méditée par les hommes de bonne foi. Même pour un thaumaturge, même pour un saint, il est des contradictions, il est des doutes sur les points les plus essentiels, sur les phénomènes les plus familiers à leurs facultés extraordinaires. Le document est formel ; les arguties théologiques ne sauraient le nier. Voici la suite des réflexions de l'abbé Monnin :

« C'est là ce qui explique des réponses qui s'accordent peu. *Quand il envisageait la conduite de l'évêque de Grenoble* et la valeur de son approbation, M. Vianney répondait qu'*on pouvait croire* ; il permettait le pèlerinage, il encourageait au besoin. *Si on le pressait de donner son opinion personnelle*, il évitait de répondre ; s'il ne pouvait, à cause du rang des questionneurs, refuser de s'expliquer, il retombait dans ses hésitations et répondait que si *ce que l'enfant lui avait dit était vrai, on ne pouvait y croire.* »

Est-il un trait plus précis, pour bien marquer le travail intellectuel du thaumaturge, pour formuler un jugement touchant le prétendu miracle, qui passionnait les esprits à l'époque où le curé d'Ars vit Maximin ? Les affirmations catégoriques sont faciles aux ignorants, aux fous, aux amateurs de nouveautés. Qui se souvient à présent des paroles du curé d'Ars sur ce singulier phénomène ? Et pourtant, quelle sagesse dans les dires de M. Vianney ! quelle prudence !

L'abbé Monnin continue sur ce sujet :
« Lorsqu'il était vivement sollicité par des personnes qui ne s'apercevaient pas qu'elles étaient indiscrètes, de leur confier les détails de son entrevue avec Maximin et de répéter les paroles qu'il avait entendues, nous l'avons vu quelquefois, par un mouvement nerveux, passer sa main crispée sur son front, comme pour en effacer un douloureux souvenir, et dire d'un ton suppliant qui semblait demander grâce : *Ça m'ennuie, ça me fait mal à la tête !...* »

Après de pareilles constatations, il semble que l'apparition miraculeuse, fondée directement sur le dire du pâtre Maximin, dût être accueillie avec réserve par les gens réfléchis, par les écrivains, par les évêques. Au lieu de déférer franchement et loyalement à l'opinion désintéressée du saint curé d'Ars, ce fut à qui s'efforcerait d'annuler cette opinion ! Par quels arguments ? Il semble *à priori* que pareille cause ne pût rencontrer de véritables arguments. Il semble ainsi ! mais les théologiens usent de subtilités merveilleuses ; ils ont leur méthode qui défie parfois la logique du bon sens, cette logique du juré qui veut que pour un fait de pareille gravité la sincérité du témoin ne puisse être soupçonnée. Voilà un exemple de cette subtilité. Il est emprunté à un ouvrage *de piété* cité à la page 207 du curé d'Ars par l'abbé Monnin. C'est un morceau de casuistique qui a son prix :

« Le curé d'Ars avait trop de connaissance des choses divines pour n'être pas touché des caractères empreints dans les événements de la Salette ; sa piété l'eût porté à se fier avec bonheur à ce témoignage de miséricorde donné aux hommes. Mais la rétractation *qu'il croyait avoir entendue* retentissait à son oreille et froissait son âme. »

Admirons cette forme donnée au dire du saint curé d'Ars, *la rétractation qu'il croyait avoir entendue !* Si un docteur, si un académicien se permettait pareille forme dubitative sur une des hallucinations rapportées plus haut à travers la vie de M. Vianney, l'auteur de cette phrase crierait au scandale. Et pourtant, il s'est trouvé des écrivains pour s'emparer de cette formule avec enthousiasme, parce que cette phrase sert leur préjugé. Y a-t-il comparaison entre un phénomène bizarre, nocturne, extraordinaire, et la conversation simple et précise de Maximin avec M. Vianney ? De pareilles antithèses font sentir combien le souci de la vérité est médiocre chez les auteurs qui ont leur *siège fait* ! Il ne s'agit plus du bon sens du curé d'Ars, de son ouïe excellente, de sa sincérité légendaire ! Cela ne pèse rien quand un petit montagnard affirme que M. Vianney s'est mépris ! L'auteur déjà cité continue ainsi l'examen de la conscience du curé d'Ars :

« Il eût voulu l'effacer de son souvenir. *Il savait l'abus que l'on faisait de son nom*; il sentait intérieurement et vivement que la mère de Dieu pouvait en être contristée ; il entrait dans des angoisses, des perplexités, des troubles inouïs. *Il eût voulu n'avoir jamais entendu cette parole qui le torturait...* »

A en croire l'éloquent narrateur, le bon curé aurait voulu rester dans l'ignorance la plus complète touchant le cas de Maximin ! Le narrateur va plus loin : «... *Mais son ennemi n'avait garde de la lui laisser oublier, et la répétait avec persistance à son oreille.* » Cette fois, c'est le démon qui a tendu un piège à M. Vianney ! l'ennemi que l'on fait intervenir pour les besoins de la cause, c'est tout bonnement le démon !

A une pareille insinuation, que faut-il opposer ? Rien ! Il est fort heureux pour les théologiens subtils qu'ils aient le monopole de cet argument. Au moment où leur thèse est en défaut, crac ! c'est à cause du démon, et la thèse n'est plus en défaut ! Il paraîtrait, si l'on en croit le même auteur, que M. Vianney était de cet avis : tout au moins la tournure de sa phrase essaye de l'insinuer.

« Le bon curé s'est ouvert plusieurs fois de ses tourments. On cherchait en vain à atténuer ses souvenirs, à en apaiser l'écho toujours vibrant dans son cœur. On lui rappelait que l'enfant de la Salette avait peut-être cédé à l'impatience plutôt que de rendre témoignage à la vérité... »

Piètre démonstration d'un miracle aussi grave ! le dire d'un enfant qui cède à l'impatience plutôt que de rendre témoignage à la vérité !

L'auteur déjà cité confirme ses considérations par le document suivant :

« *Si vous saviez quel poids, quelle froideur, quelle torture cela me met dans l'âme !* disait le vénérable curé à un pélerin qui garantit l'exactitude de ces paroles... *Oh ! je n'y tiens plus ! Mon Dieu, délivrez-moi !...* Quand je parviens à ne pas douter, aussitôt je retrouve la paix, je suis léger comme un oiseau. Je m'envole, je m'envole !... Mais le démon me rejette dans mon doute et alors je suis comme traîné sur les ronces et les cailloux. »

Le document vaut d'être pesé, bien que le pélerin qui garantit l'exactitude de ces paroles ne soit pas nommé, ce qui infirme par avance l'autorité du document ; admettons l'authenticité des paroles précitées, empêchent-elles ce qui a été exposé dans les pages précédentes d'être exact? Que M. Vianney ait eu une illumination intérieure annulant ses doutes ! Cela empêche-t-il que ses doutes fussent fondés en bonne logique?

Peut-on raisonnablement opposer ce que l'on appelle une *illumination intérieure* à la parole menteuse de Maximin? Peut-on compenser un argument solide, par l'ombre d'un argument, par un rêve? C'est pourtant ce que M. l'abbé Monnin finit par admettre, tant est glissant le terrain théologique, une fois l'auteur lancé dans les *à-peu-près*, dans les hypothèses bizarres ! L'abbé Monnin va

compenser un fait avec un rêve, il va jouer
à pile ou face la valeur du témoignage de
Maximin ! Au point de vue scientifique, cela
ne peut se soutenir. Les faits sont les faits.
Pareilles interprétations ne sauraient en
détruire la portée.

L'abbé Monnin, qui n'a jamais entendu le
curé d'Ars varier dans ses entretiens personnels rapportés plus haut, adopte cette
manière de voir. Le mensonge de Maximin
fut un piège du démon à M. Vianney, piège
où le saint curé fut pris huit ans ! Voici
textuellement le passage visé (tome II, page
208) :

« L'épreuve dura huit ans. Puis vint un
jour où l'on apprit que les incertitudes et
les fluctuations du saint prêtre avaient
cessé ; on refusa d'abord de croire à ce
changement, mais il fallut se rendre à l'évidence des preuves et des témoignages. Au
mois d'octobre 1858, M. l'abbé Toccanier
écrivait à un membre du barreau de Marseille connu par différents ouvrages sur la
Salette... »

La lettre de l'abbé Toccanier, nous allons
la reproduire : elle est un document de la
loyauté de M. Vianney. Quant au procédé
d'investigation révélé par la lettre qui suit,

il est bien humain; pourtant on peut rester respectueux de la sainteté du curé d'Ars en plaçant ce procédé divinatoire fort au-dessous d'une conversation claire et nette.

Si une conversation peut décevoir! si *l'ennemi* peut s'y mêler ! Que sera-ce pour une divination de ce genre? C'est alors que *l'ennemi* peut s'en mêler aisément et sans que rien trahisse sa malice !

« Depuis ma dernière lettre, j'ai reçu de M. le curé une explication plus claire sur son *retour à sa foi primitive* que lui avait enlevée la MALHEUREUSE RÉTRACTATION DE MAXIMIN. En voici les détails qui vous feront plaisir. »

Il est aisé de voir *l'auto-suggestion* que subit l'auteur de cette lettre. Rien que l'épithète *malheureuse* accolée au mot rétractation ; rien que l'observation sur *les détails qui vous feront plaisir* indique en l'auteur de la lettre une personne qui *veut* que l'apparition de la Salette soit véridique. Cette *volonté* est un acte louable, car elle est la copie de la volonté de l'évêque qui a *voulu* de même. Mais pour étudier avec simplicité et avec droiture, il est dangereux de subir pareille volonté.

« M. le curé m'a dit *qu'il avait prié le*

bon *Dieu de le délivrer de ce doute* qu'il refoulait dans son esprit par respect pour l'autorité épiscopale... »

C'est là l'*auto-suggestion*; le mobile en est des plus louables, mais c'est toujours de l'auto-suggestion.

« *Pendant quinze jours*, a-t-il ajouté, *j'ai éprouvé un grand trouble qui n'a cessé que lorsque j'ai eu dit* : CREDO. *J'ai souhaité de trouver une occasion de manifester ma foi à un personnage du diocèse de Grenoble*, et voilà que le lendemain arrive à la sacristie un prêtre que je ne connaissais pas et qui me demande si on peut et doit croire à la Salette. J'ai répondu : OUI. J'ai demandé une grâce temporelle à Dieu par l'intermédiaire de la Sainte-Vierge invoquée sous le titre de Notre-Dame de la Salette ; je l'ai obtenue. »

L'abbé Toccanier commentait ainsi, dans la lettre précitée, les paroles du curé d'Ars :

« En dépit de la rétractation de Maximin, M. le curé d'Ars CROIT donc à la Salette. Voilà *un nouvel incident d'Ars* qui est de nature à causer autant de *joie* que l'ancien a causé d'*inquiétude*. »

Au lecteur d'apprécier la valeur scientifique des deux coïncidences entre la pensée du curé d'Ars et les faits. La probabilité que les deux coïncidences donnent à sa nouvelle opinion sur la Salette est notable ; cela est évident. Pour ce qui est de préciser et de mesurer cette probabilité, cela est malaisé. Quelle était la chance pour que le lendemain du jour où le curé d'Ars y avait pensé, un personnage du diocèse de Grenoble vînt demander l'avis de M. Vianney sur la Salette ? Cette probabilité dépend du nombre de pareils visiteurs et de pareils questionneurs s'adressant quotidiennement au saint curé. Il y aurait présomption de notre part à énoncer un chiffre.

Dans un autre ordre d'idées, quelle était la probabilité pour que la grâce temporelle réclamée par le curé d'Ars se réalisât ? Nous n'en savons rien ; nous ne savons même pas exactement quelle était cette grâce temporelle. Par conséquent, impossibilité de calculer le poids des deux coïncidences au point de vue du degré de probabilité qui en résulte pour la créance méritée par l'apparition de la Salette.

M. Guillemin, chanoine et vicaire général de Belley, vint à Ars, *chargé par un émi-*

DEUX COÏNCIDENCES FORMULÉES

nent personnage de s'enquérir auprès du saint curé des circonstances qui avaient influé sur l'état de ses convictions relativement à la Salette. Il a laissé de cette visite un rapport qui mérite d'être opposé, pour certains détails, à la précédente version de l'abbé Toccanier.

« M. le curé d'Ars a éprouvé, il y a environ trois mois, une peine intérieure qui a duré quelque temps et lui ôtait le repos. *Une nuit, le tourment moral étant très violent*, il demanda au Seigneur avec les plus vives instances d'en être délivré. Il pensa qu'il obtiendrait cette grâce, s'il faisait un acte de foi à l'affaire de la Salette. Il dit en conséquence : CREDO, *je crois* ! Il fut instantanément délivré de cette peine qui le tourmentait depuis quinze jours. Il fut déchargé *comme si on lui avait ôté un sac de plomb de dessus les épaules.* »

Cette seconde narration est plus précise que la première ; elle révèle l'*état d'esprit* du curé d'Ars, tourmenté par des scrupules. De là à l'*auto-suggestion*, il n'y a pas beaucoup de chemin !

« Pour confirmer le fait qui venait de se passer, M. Vianney pria Dieu *de lui envoyer un prêtre marquant du diocèse de*

Grenoble. Le lendemain matin, pendant qu'il était dans la sacristie, *un ecclésiastique se disant professeur au séminaire* de Grenoble vint à lui, et, sans préambule, lui pose cette question : *Monsieur le curé, que pensez-vous de la Salette ?* M. Vianney répond : *Je pense que non seulement on peut mais on doit y croire.* Depuis lors, notre saint curé affirme avoir obtenu une *grâce particulière et signalée*, par l'intercession de Notre Dame de la Salette. »

Sous la plume de l'abbé Guillemin, la coïncidence entre la demande de M. Vianney et la visite de l'ecclésiastique est beaucoup plus saisissante que dans la lettre de M. l'abbé Toccanier ; en effet, la restriction *un ecclésiastique* rend la coïncidence dix ou vingt fois moins probable que l'expression *un personnage*, quant à son exécution. La réalisation de la demande de M. Vianney dans ces conditions, constitue un phénomène dix ou vingt fois plus probant que la réalisation de la demande visant un personnage quelconque, sans spécifier qu'il fût ecclésiastique.

Dans l'exposé de pareils phénomènes, tout vaut par la précision des détails. De même, la grâce particulière et *signalée*, obtenue d'après l'abbé Guillemin, est d'une réalisation plus difficile que la réalisation de la grâce temporelle à laquelle l'abbé Toccanier n'ajoutait pas d'épithète. Suivant qu'une grâce est plus signalée, sa réalisation est dix fois, cent fois plus difficile ; cette réalisation devient cent fois plus probante pour celui qui a demandé cette grâce et l'a obtenue !

L'absence de détails prive de valeur scientifique précise les deux coïncidences signalées dans le cas particulier examiné ici : autre chose est la science, autre chose la foi ! La science est bornée dans ses affirmations comme dans ses négations. La foi ne connait pas de bornes ; toutefois, il y a grand péril pour les esprits ordinaires à donner trop vite leur foi à des choses indifférentes ; la foi, étant un acte spontané, est soumise aux fluctuations de la volonté ; elle est susceptible de s'éteindre, à la façon des passions humaines ; il ne faut laisser aux passions rien de ce qui peut leur être ravi. C'est pourquoi, dans les matières indifférentes, la science l'emporte sur la foi. Est-il donc des matières indifférentes et quelles sont-elles ? A pareille question, un bon chrétien, un saint, M. Vianney, fournit une réponse topique. L'abbé Monnin lui dit : *Monsieur* le curé, que faut-il penser de la Salette? M. Vianney répond : *Mon ami*, VOUS POUVEZ EN PENSER CE QUE VOUS VOUDREZ ; *ce n'est pas un article de foi* ! Un saint homme de notre siècle, le curé d'Ars, a formulé cette réponse à un prêtre ; est-il permis de la reprendre après lui en laissant à la *foi* ce qui lui appartient, en accordant à la science le loisir d'examiner ce qui est de son domaine ?

Le curé d'Ars est un contemporain pour la grande majorité des hommes marquants de notre génération ; il a fini son existence après la campagne d'Italie de 1859, le mercredi 3 août 1859, à deux heures du matin. Voici ce qu'une *personne respectable*, entrée très avant dans l'intimité du curé d'Ars, confia à M. l'abbé Monnin le lendemain de sa mort :

« Le 3 mai 1859, dans une petite visite que je fis à M. le curé, je lui parlai de mon attrait pour donner de préférence aux œuvres qui regardent le salut des âmes et du reproche qu'on semblait me faire à ce sujet. En m'approuvant, il me dit : *J'étais un peu en peine de connaître la volonté de Dieu. Sainte Philomène m'est apparue ;*

CE N'EST PAS UN ARTICLE DE FOI 193

elle est descendue du ciel, belle, lumineuse, environnée d'un nuage blanc ; elle m'a dit : Tes œuvres sont bonnes, parce qu'il n'y a rien de plus précieux que le salut des âmes ! »

D'après ce qui a été observé plus haut, de la sincérité de M. Vianney, sa parole doit être crue ; reste à savoir si la *personne respectable*, dont l'abbé Monnin ne cite pas le nom, est d'aussi bonne foi. Nous pouvons l'admettre encore, d'autant que le récit de cette personne a une confirmation dans les lignes qui suivent :

« Pendant qu'il me parlait de cette vision, M. Vianney était debout devant sa cheminée, les yeux élevés au ciel et la figure rayonnante, à ce souvenir qui semblait le ravir encore. *Il avait raconté cette vision à Catherine,* seulement avec moins de détails, *au moment où il l'avait eue.* »

Le curé d'Ars eut la vision de sainte Philomène ; tout au moins *il crut l'avoir eue.* L'abbé Monnin (page 515, tome II), consacre à cette vision cette nouvelle mention :

« De question en question, nous dit M. Toccanier, j'ai tiré de la bouche de M. le Curé cet aveu que Notre-Seigneur lui a donné des signes prodigieux pour lui faire comprendre combien son ministère lui était agréable. Il m'a raconté en particulier qu'il avait eu la nuit un grand saisissement, qu'il avait vu *debout à ses côtés* une personne qui lui parlait doucement. *Ce n'était pas le grappin*, ajoutait-il, *le* GRAPPIN *a la voix aiguë. — C'est donc une sainte apparition ?* lui dis-je... Il a changé brusquement de conversation comme un homme qui se ravise et qui a peur d'avoir trop parlé. »

Voici encore un trait significatif sur ce phénomène extraordinaire : cette fois, c'est l'abbé Monnin lui-même qui l'obtint de M. Vianney :

« Un autre jour, il nous fit à nous-même avec beaucoup de simplicité la confidence qui suit : *Il y a deux mois environ, je ne dormais pas ; j'étais assis sur mon lit, pleurant mes pauvres péchés ; j'ai entendu une voix bien douce qui murmurait à mon oreille* : In te, Domine, speravi ; non confundar in æternum... *Cela m'a un peu encouragé ; mais, comme le trouble subsistait encore, la même voix a repris plus distinctement* : In te, Domine, speravi... — *Cette fois ce n'était pas le grappin assuré-*

ment qui vous tenait ce langage. — Il n'y a pas apparence. — *Avez-vous vu quelque chose ?* — Non ! mon ami ! — *C'était peut-être votre ange gardien ?* —Je ne sais pas ! »

Il résulte de ces documents que le curé d'Ars crut *voir* sainte Philomène debout, environnée d'un nuage blanc : qu'il crut *entendre* sainte Philomène lui parler doucement. Il en résulte encore que le curé d'Ars crut *entendre* une *voix* lui disant : *In te, Domine, speravi...* et à deux reprises.

Etait-ce hallucination ? Telle est la question que l'on est amené à poser. Eh bien ! des apparitions du genre de celle de sainte Philomène *quant aux apparences physiques* sont affirmées par un des savants les plus éminents de notre temps, douze années après la mort du bon curé d'Ars ! Le savant en question n'est pas imbu des idées religieuses qui animaient le curé d'Ars. C'est M. William Crookes. Quels sont les titres scientifiques de ce personnage ?

A vingt ans, le docteur Crookes étudiait les spectres solaire et terrestre, il inventait le *photomètre de polarisation* et le *microscope spectral*. Je crains que mes lecteurs ne soient pas très éclairés par les termes bizarres qui désignent ces instruments de laboratoire. Toutefois je continue. Le docteur Crookes a fait connaître un nouveau corps simple, le *thallium*. Ce n'est pas une découverte banale que celle d'un corps simple ; les gens qui ont appris la chimie le savent : je dis cela pour ceux de mes lecteurs qui l'ignorent.

Le docteur Crookes a isolé la *matière radiante*. Cette dernière découverte, réalisée par lui en Angleterre en 1879 et démontrée à Paris en 1880 devant les plus grands savants français, est le plus remarquable effort de la science contemporaine vers la connaissance profonde des choses de l'univers.

C'est après avoir gagné la plupart de ces titres scientifiques que l'académicien anglais annonça, en 1872, qu'il allait examiner scientifiquement les phénomènes spirites. Voici comment s'exprimait M. Crookes, dans *Quarterly Journal of Science* :

« Le spirite parle de corps pesant cent livres qui sont enlevés en l'air sans l'intervention de force connue : le savant, lui, est accoutumé à une balance sensible, à un poids si petit qu'il en faut dix mille pour faire un grain. Le savant est donc fondé à demander que cette force, se prétendant guidée par une intelligence et élevant jusqu'au plafond un corps pesant, fasse mouvoir sa balance dans des conditions déterminées. »

Voilà le problème posé nettement pour les lévitations. M. Crookes le posait pour les autres phénomènes dans cinq autres propositions, aussi claires, aussi précises que la proposition précédente. Or, faut-il le dire ? il se trouva que la *balance* de M. Crookes enregistra la force spirite ; il se trouva que le *phonautographe* de M. Crookes enregistra les coups frappés dans les expériences spirites ; il se trouva...

Comme modèle d'argumentation, voici l'une des cinq propositions mentionnées plus haut ; elle mérite la reproduction :

« Le spirite parle de fleurs mouillées de fraîche rosée, de fruits et même d'êtres vivants apportés à travers les croisées fermées et même à travers de solides murailles en briques. Le savant demande qu'on introduise la millième partie d'un grain d'arsenic à travers les parois d'un tube de verre dans lequel de l'eau pure est hermétiquement scellée. »

Lorsque les expériences de M. Crookes

furent publiées, un de ses collègues à la Société royale de Londres (institution équivalant à notre Académie des sciences) émit l'opinion que M. Crookes et ses collaborateurs avaient été fascinés par la puissance *électro-biologique* (sic) du médium qu'ils employaient. M. Crookes se borna à répondre : « Possible que nous ayons été fascinés ! mais nos instruments enregistreurs ont-ils été fascinés aussi ? »

M. Crookes divise les phénomènes observés par lui en treize catégories :

1. Mouvements de corps pesants avec contact, mais sans effort mécanique.

2. Phénomènes de percussion et autres sons de même nature.

3. Altération du poids des corps.

4. *Mouvements d'objets pesants placés à une certaine distance du médium.*

5. Tables et chaises enlevées de terre sans l'attouchement de personne.

6. *Enlèvement de corps humains* (il a vu à trois reprises le médium s'élever complètement au-dessus du plancher).

7. Mouvements de certains petits objets sans le contact de personne.

8. *Apparitions lumineuses.*

9. *Apparitions de mains lumineuses par*

elles-mêmes ou visibles à la lumière ordinaire.

10. Ecriture directe.
11. *Formes et figures de fantômes.*
12. Cas particuliers semblant indiquer l'action d'une intelligence extérieure.
13. Manifestations diverses d'un caractère composé.

Pour donner idée du procédé expérimental suivi par M. William Crookes, voici un des documents qui rapportent un des phénomènes les plus extraordinaires qu'il ait examiné. La séance à laquelle ces détails se rapportent est intitulée : DERNIÈRE APPARITION DE KATIE KING. *Sa photographie à l'aide de la lumière électrique.* L'expérience se produisait dans le laboratoire et dans la bibliothèque de M. Crookes. Katie King est une apparition. Ce n'est pas une personne vivante à la façon des lecteurs de ces lignes ; Katie King n'a pas d'état civil : Katie King est une personne *qui se forme de toutes pièces devant l'expérimentateur*, et qui disparait ensuite sans laisser de traces.

Quant à la manière dont cette apparition se formait de toutes pièces, il est difficile d'entrer dans beaucoup de détails explicatifs. Ce que l'on peut affirmer, c'est que cette apparition se constituait au moyen du périsprit d'un *médium*. Ce médium était une jeune fille de quinze ans, nommée Mlle Cook, ayant, elle, un état civil, un père et une mère. Cette jeune fille se prêtait aux expériences scientifiques de M. Crookes ; elle se soumettait au contrôle le plus inquisiteur, de manière à éviter l'apparence de la supercherie.

Bref, il est plus facile d'admettre l'apparition que d'admettre la duperie des savants expérimentateurs, tant l'expérience était logiquement adaptée par M. Crookes aux exigences de ces sortes de phénomènes.

Voici le compte-rendu de M. William Crookes :

« Durant la semaine qui a précédé le départ de Katie, elle a donné des séances chez moi, *presque tous les soirs*, afin de me permettre de la photographier à la lumière artificielle. »

Un trait curieux de ce récit c'est le nom amical *Katie* prêté à l'apparition comme à un des familiers de la maison. Il s'agirait d'un être réel, la désignation serait pareille. Ce qui est encore plus curieux, c'est la bonne grâce de *Katie* donnant de fréquentes séances afin de permettre à M. Crookes de tirer de nombreuses photographies d'elle.

La photographie est, en effet, l'arme du savant pour parer à l'argument des incrédules : *C'est une illusion, c'est une hallucination !* A quoi le docteur Crookes répond : *Possible ! j'ai été halluciné ! mes plaques photographiques ont-elles été hallucinées ?* De plus, la photographie garde le phénomène avec plus de précision, avec plus d'exactitude que la mémoire la plus fidèle. Il faut savoir gré à M. Crookes de ses précautions multiples pour produire ces documents irréfragables des phénomènes.

« *Cinq appareils complets de photographie* furent donc préparés à cet effet. Ils consistaient en cinq chambres noires, *une de la grandeur de plaque entière*, une de demi-plaque, *une de quart*, et de deux chambres stéoroscopiques binoculaires, qui devaient *toutes être dirigées sur Katie* en même temps qu'elle poserait pour obtenir son portrait. *Cinq bains sensibilisateurs et fixateurs furent employés*, et nombre de glaces furent nettoyées à l'avance, prêtes à servir, afin qu'il n'y eut ni hésitation ni retard pendant les opérations photographiques que j'exécutai moi-même, assisté d'un aide. »

Voici pour les préparatifs photographiques : il faut convenir que les mesures étaient prises pour établir le *procès-photographique* du phénomène.

« Ma bibliothèque servit de cabinet noir : elle avait une porte à deux battants qui s'ouvrait sur le laboratoire ; un de ces battants fut enlevé de ses gonds : un rideau fut suspendu à sa place *pour permettre à Katie d'entrer et de sortir facilement.* »

Il faut bien étudier ces précautions qui correspondent aux désirs exprimés par *l'apparition*, par *Katie*, en l'appelant ainsi que fait M. Crookes.

Ces apparitions ont leurs exigences : il leur faut une dose et une qualité de lumière calculée ; il leur faut ceci, il leur faut cela ! Le talent de M. Crookes fut de satisfaire amicalement à ces exigences, tout en revêtant les phénomènes de l'appareil scientifique qui donne à ses observations les caractères de la certitude.

« *Ceux de nos amis qui étaient présents* étaient assis dans le laboratoire en face du rideau, et les chambres noires étaient placées un peu derrière eux, prêtes à photographier Katie, quand elle sortirait, et à prendre en même temps l'intérieur du cabinet, chaque fois que le rideau serait soulevé dans ce but. »

Des savants et des amis de M. Crookes assistaient assidûment à ces apparitions extraordinaires : ils devaient observer une discipline stricte, une obéissance complète aux désirs de l'apparition pour n'entraver en rien le développement des phénomènes.

« Chaque soir il y avait trois ou quatre expositions de glaces dans les cinq chambres noires, ce qui donnait au moins *quinze épreuves par séance*. Quelques-unes se gâtèrent au développement, d'autres en réglant la lumière. Malgré tout, *j'ai quarante-quatre négatifs*, quelques-uns médiocres, quelques-uns ni bons ni mauvais, et d'autres *excellents*, »

Avec sa sage méthode, grâce à ses préparatifs scientifiquement entendus, le docteur Crookes éliminait les ratés, que toute recherche de documents scientifiques est exposée à rencontrer. Le docteur aurait eu un seul appareil photographique, il eût pu être pris au dépourvu ; avec cinq appareils de construction et de maniement divers, il pouvait encore échouer ; mais il avait cent fois plus de chances en sa faveur. En fait, il obtint de merveilleuses épreuves.

« Katie donna pour instruction à tous les assistants de *rester assis* et d'observer cette condition. *Seul, je ne fus pas compris dans cette mesure* ; car, depuis quelque temps, elle m'avait donné la permission de faire ce que je voudrais, *de la toucher*, d'entrer dans le cabinet et d'en sortir, *presque chaque fois qu'il me plairait.* »

Il faut se mettre au fait des exigences de ces êtres *formés tout d'une pièce sous les yeux des assistants* et disparaissant tout d'une pièce. Le docteur Crookes avait obtenu la confiance et la familiarité de l'apparition par la docilité avec laquelle il se pliait ordinairement à ses exigences. Cette familiarité de l'apparition permit au savant de constater que Katie était absolument distincte de mademoiselle Cook, le médium auquel l'apparition empruntait son périsprit pour en constituer le fantôme sous lequel elle apparaissait.

« Je l'ai souvent suivie dans le cabinet et l'ai vue quelquefois, *elle et son médium*, en même temps ; mais le plus généralement je ne trouvais que le médium en léthargie et reposant sur le parquet. *Katie et son costume blanc avaient instantanément disparu.* »

Quant au médium, voici les précautions prises par le savant anglais pour éviter les apparences de la supercherie :

« Durant ces six derniers mois, mademoiselle Cook a fait chez moi de nombreuses visites et *y est demeurée quelquefois une semaine entière.* Elle n'apportait avec elle qu'*un petit sac de nuit ne fermant pas à clef*; pendant le jour, elle était constamment en compagnie de madame Crookes, de moi-même ou de quelque autre membre de ma famille, et ne dormant pas seule, *il y a eu manque absolu d'occasions de rien préparer, même d'un caractère moins achevé, qui fut apte à jouer le rôle de Katie King.* »

Voilà pour le médium; quant au local :

« *J'ai préparé et disposé moi-même ma bibliothèque ainsi que le cabinet noir*, et d'habitude, après que mademoiselle Cook avait dîné et causé avec nous, elle se dirigeait droit au cabinet, et, à sa demande, *je fermais à clef la seconde porte, gardant la clef sur moi pendant toute la séance* : alors, on baissait le gaz et on laissait mademoiselle Cook dans l'obscurité. »

Voilà maintenant pour l'expérience :

« En entrant dans le cabinet, mademoiselle Cook *s'étendait sur le plancher*, la tête sur un coussin, et bientôt elle était en léthargie. Pendant les séances photographiques, *Katie enveloppait la tête de son médium avec un châle* pour empêcher que la lumière ne tombât sur son visage. »

Voilà pour les garanties de l'expérience :

« Fréquemment, j'ai soulevé un côté du rideau, lorsque Katie était debout tout auprès, et alors il n'était pas rare que les *sept ou huit personnes* qui étaient dans le laboratoire pussent *voir en même temps* mademoiselle Cook et Katie, sous le plein éclat de la lumière électrique. »

Voilà pour la limite de ces garanties :

« *Nous ne pouvions pas alors voir le visage du médium* à cause du châle, mais nous apercevions *ses mains et ses pieds*; nous le voyions *se remuer péniblement* sous l'influence de cette lumière intense, et par moments nous entendions ses plaintes. *J'ai une épreuve de Katie et de son médium photographiés ensemble* ; mais

Katie est placée devant la tête de mademoiselle Cook. »

La précision de ces détails permet de mesurer l'analogie de ces garanties avec les garanties réclamées habituellement par nos sens pour la constatation des phénomènes ordinaires.

« Pendant que je prenais une part active à ces séances, *la confiance qu'avait en moi Katie s'accroissait graduellement*, au point qu'elle ne voulait plus donner de séance à moins que je ne me chargeasse des dispositions à prendre, disant qu'elle voulait toujours m'avoir près d'elle et près du cabinet. *Dès que cette confiance fut établie*, et quand elle eut la satisfaction d'être *sûre que je tiendrais les promesses* que je pouvais lui faire, les phénomènes augmentèrent beaucoup en puissance, et des preuves me furent *données qu'il m'eût été impossible d'obtenir*, si je m'étais approché du sujet d'une manière différente. »

Ces lignes sur la manière de mériter la confiance d'un être ainsi formé de toutes pièces sous les yeux du spectateur sont à méditer, ainsi que la constatation de la défiance de cet être pour certains individus :

« Elle m'interrogeait souvent *au sujet des*

personnes présentes aux séances et sur la manière dont elles seraient placées, car, dans les derniers temps, elle était devenue très nerveuse à la suite de certaines *suggestions malavisées* qui conseillaient *d'employer la force* pour aider à des modes de recherches plus scientifiques. »

Cet appel à la *force* est le caractère de la bêtise : il n'y a que les faibles d'esprit et les débiles de raison pour invoquer l'intervention toute puissante du gendarme quand il s'agit de phénomènes psychiques, quand il s'agit de quelque chose de plus inconstant et de plus fugace que les inspirations des poëtes ou des orateurs ! Du temps de Boileau, on faisait comparaître en plein Parlement les maris prévenus d'impuissance, afin de fournir la preuve palpable de leur virilité. Il y avait un terme juridique pour caractériser cet acte impudique de procédure.

Jamais la biche en rut n'a pour fait d'impuissance
Traîné du fond des bois un cerf à l'audience,
Et jamais juge entre eux ordonnant le congrès
De ce burlesque mot n'a sali ses arrêts !

Tout aussi ridicule, encore plus dangereuse est l'intervention de *la force* dans des phénomènes où il faut de l'esprit !

« Une des photographies les plus intéressantes est celle où je suis debout à côté de Katie ; elle a *son pied nu* sur un point particulier du plancher. *J'habillai ensuite mademoiselle Cook comme Katie* ; elle et moi nous nous plaçâmes dans *la même position* et nous fûmes photographiés par *les mêmes objectifs placés absolument* comme dans l'autre expérience et éclairés par la *même lumière.* »

Cette organisation de l'expérience montre le savoir-faire et l'ingéniosité de M. Crookes, mieux que de longues descriptions de ses titres scientifiques.

« Lorsque ces deux dessins sont *placés l'un sur l'autre*, les deux photographies de moi *coïncident parfaitement* quant à la taille, etc... mais Katie est *plus grande d'une demi-tête* que mademoiselle Cook, et, auprès d'elle, elle semble une grosse femme. »

Cela est un argument aux objections des incrédules insinuant que mademoiselle Cook aurait joué un rôle et dupé les savants, qu'elle aurait semblé être Katie en se travestissant *ad hoc*, en se grimant à la façon de certains illusionnistes.

« Dans beaucoup d'épreuves, la *largeur*

de son visage et la *grosseur de son corps* diffèrent essentiellement de son médium, et les photographies font voir plusieurs autres points de dissemblance. »

Ces arguments sont à considérer. Il est clair que les *dissemblances* de Katie et de mademoiselle Cook sont heureusement invoquées au point de vue de la non-identité des deux personnes : ces *dissemblances* viennent s'ajouter à l'argument extrêmement fort, tiré de la photographie simultanée des pieds et des mains *du médium* en léthargie et de l'*apparition*, figure, corps, pieds et mains !

« Mais la *photographie* est aussi impuissante à dépeindre la *beauté parfaite du visage* de Katie, que les *mots* le sont eux-mêmes à décrire le *charme de ses manières*. La photographie peut, il est vrai, donner un *dessin de sa pose*; mais comment pourrait-elle reproduire la *pureté brillante de son teint* ou l'expression sans cesse changeante de ses traits si mobiles, tantôt voilés de tristesse, lorsqu'elle racontait quelque amer évènement de sa vie passée, tantôt *souriant avec toute l'innocence d'une jeune fille*, lorsqu'elle avait réuni mes enfants autour d'elle et qu'elle les amusait en leur racontant des épisodes de ses aventures dans l'Inde. »

Les apparitions ont été rarement décrites par un observateur aussi expert, aussi attentif, aussi savant que M. Crookes. La description de l'apparition qu'il a *vue*, concorde avec les merveilleux récits des gens simples qui ont conté les apparitions dont ils crurent aussi être témoins. Il est intéressant de considérer que *Katie* était UN REVENANT, une personne *ayant vécu dans l'Inde*, tout au moins si l'on admet la véracité de ses dires. Cette apparition parlait familièrement aux enfants de M. Crookes ; en causant avec eux, elle souriait avec l'innocence d'une jeune fille. Ce sont autant de traits qui ont une importance énorme, une fois consignés par un savant observateur tel que l'académicien anglais.

« J'ai si *bien vu* Katie récemment, lorsqu'elle était éclairée par la lumière électrique, qu'il m'est possible d'ajouter quelques traits aux différences que, dans un précédent article, j'ai établies entre elle et son médium. *J'ai la certitude la plus absolue* que mademoiselle Cook et Katie sont *deux individualités distinctes, du moins en ce qui concerne leurs corps*. Plusieurs petites marques qui se trouvent sur le visage de mademoiselle Cook font défaut sur celui de Katie. La chevelure de mademoiselle Cook est d'un *brun si foncé qu'elle paraît presque noire* ; une boucle de celle de Katie, qui est là sous mes yeux et qu'elle m'avait permis de couper *au milieu de ses tresses luxuriantes*, après l'avoir suivie de mes propres doigts jusque sur le haut de sa tête et m'être assuré qu'elle y avait bien poussé, est *d'un riche châtain doré.* »

Nouvelle contribution à l'histoire des apparitions : Katie, le personnage créé tout d'une pièce sous les yeux de M. Crookes, donne la permission au savant anglais de couper une boucle de ses cheveux. Cette boucle, l'académicien la suit jusque sur le point où elle est fixée à la tête de l'apparition ; l'académicien s'assure que la boucle a bien poussé sur cette tête ; l'académicien la coupe ; l'académicien la retrouve sous ses yeux le lendemain du jour où il l'a coupée, après que l'apparition s'est défaite tout d'une pièce, et cette boucle est châtain doré, tandis que la chevelure du médium est brun foncé !

« Un soir, je comptai les pulsations de Katie : son pouls battait régulièrement 75, tandis que celui de mademoiselle Cook, peu d'instants après, atteignait 90, son chiffre habituel. En appuyant mon oreille sur la poitrine de Katie, je pouvais entendre un cœur battre à l'intérieur et ses pulsations étaient encore plus régulières que celles du cœur de mademoiselle Cook, lorsqu'après la séance elle me permettait la même expérience. Eprouvés de la même manière, les poumons de Katie se montrèrent plus sains que ceux de son médium, car, au moment où je fis mon expérience, mademoiselle Cook suivait un traitement médical pour un gros rhume. »

Cette contribution à l'histoire des apparitions est instructive. L'apparition qui se prêtait aux observations du savant anglais avait un cœur ; son cœur battait 75 pulsations tandis que le médium auquel elle empruntait sa force animique battait 90 pulsations. Cette apparition avait des poumons ; ses poumons se révélaient à l'auscultation comme plus sains que ceux de son médium. Quand j'écris que l'apparition *avait* un cœur et des poumons, c'est *paraissait avoir* à l'auscultateur que je veux dire ; car, entre les deux idées, il n'y a pas équivalence absolue quand il s'agit de phénomènes qualifiés hallucinatoires par des savants très éminents.

« Vos lecteurs trouveront sans doute intéressant qu'à vos récits et à ceux de *M. Ross Church*, au sujet de la dernière apparition de Katie, viennent s'ajouter les miens, *du moins ceux que je puis publier.* »

Que signifie cette réticence ? Y a-t-il des détails que M. Crookes ne peut publier ? Aurait-il promis le silence à l'apparition sur certains détails ?

« Lorsque le moment de nous *dire adieu* fut arrivé pour Katie, je lui demandai *la faveur* d'être le dernier à la voir. En conséquence, quand elle eut appelé à elle *chaque personne de la société* et qu'elle leur eut dit quelques mots *en particulier*, elle donna des instructions générales pour notre direction future et la protection à donner à mademoiselle Cook. »

Ainsi l'apparition fit une recommandation particulière à chacun des assistants ; elle fit ensuite des recommandations générales pour la *direction future* des assistants, ce qui est important à noter, car M. Crookes avait avec lui un sténographe pour ne rien livrer aux infidélités de la mémoire de ce qui pouvait leur être arraché.

« De ces instructions qui furent *sténo-graphiées*, je cite la suivante : *M. Crookes a très bien agi constamment, et c'est avec la plus grande confiance que je laisse Florence entre ses mains, parfaitement sûre que je suis qu'il ne trompera pas la foi que j'ai en lui. Dans toutes les circonstances imprévues, il pourra faire mieux que moi-même, car il a plus de force.* »

Que signifie le dernier trait ? *En quoi M. Crookes a-t-il plus de force que l'apparition ?* Cela n'est pas facile à deviner. Quant à la *foi* que l'apparition a en M. Crookes, est-il aisé de comprendre ? On saisit le sens du mot, pendant les expériences auxquelles se prêtait Katie ; mais, une fois Katie disparue à jamais, quel sens prend le mot *foi* ?

« Ayant terminé ses instructions, Katie m'engagea à entrer dans le cabinet avec elle et *me permit* d'y demeurer jusqu'à la fin. Après avoir fermé le rideau, elle causa avec moi pendant quelque temps, puis elle traversa la chambre pour aller à mademoiselle Cook qui gisait inanimée sur le plancher. Se penchant vers elle, Katie la toucha et lui dit : *Eveillez-vous, Florence, éveillez-vous ! Il faut que je vous quitte maintenant !* Mademoiselle Cook s'éveilla tout en larmes, elle supplia Katie de rester quelque temps encore. *Ma chère, je ne le puis pas; ma mission est accomplie. Que Dieu vous bénisse !* répondit Katie, et elle continua à parler à mademoiselle Cook. *Pendant quelques minutes, elles causèrent ensemble, jusqu'à ce qu'enfin les larmes de mademoiselle Cook l'empêchèrent de parler* ».

Le dialogue de Katie et de mademoiselle Cook est le plus probant des phénomènes rapportés par M. Crookes, car il suffit d'admettre la sincérité de l'académicien anglais pour que cet argument de la *non identité* du médium et de l'apparition soit au-dessus de la discussion.

« Suivant les instructions de Katie, je m'élançai pour soutenir mademoiselle Cook qui allait tomber sur le plancher et qui sanglotait convulsivement. Je regardai autour de moi, mais *Katie et sa robe blanche* avaient disparu. Dès que mademoiselle Cook fut assez calmée, on apporta une lumière et je la conduisis hors du cabinet. »

Au lecteur d'apprécier à sa guise la véracité de M. Crookes et d'estimer sa faculté d'observation. Certes, la disparition subite de Katie est pour étonner les sens. Cepen-

MA MISSION EST ACCOMPLIE ! 217

dant cela est rapporté par un physicien hors ligne, par un observateur éminent, par un savant considéré. A chacun d'apprécier.

« Les séances presque journalières dont mademoiselle Cook m'a favorisé dernièrement ont beaucoup éprouvé ses forces, et je désire faire connaître le plus possible les obligations que je lui dois pour son empressement à m'assister dans mes expériences. Quelque épreuve que j'ai proposée, elle a accepté de s'y soumettre avec la plus grande bonne volonté ; sa parole est franche et va droit au but, et je n'ai jamais rien vu qui pût en rien ressembler à la plus légère apparence du désir de tromper. Vraiment, je ne crois pas qu'elle pût mener une fraude à bonne fin, si elle venait à l'essayer, et, si elle le tentait, elle serait très promptement découverte, car une telle manière de faire est tout à fait étrangère à sa nature. Et quant à imaginer qu'une innocente écolière de quinze ans ait été capable de concevoir et de mener pendant trois ans, avec un plein succès, une aussi gigantesque imposture que celle-ci, et que, pendant ce temps, elle se soit soumise à toutes les conditions qu'on a exigées d'elle ;

qu'elle ait supporté les recherches les plus minutieuses ; qu'elle ait voulu être inspectée à n'importe quel moment, soit avant, soit après les séances ; qu'elle ait obtenu encore plus de succès dans ma propre maison que chez ses parents, sachant qu'elle y venait expressément pour se soumettre à de rigoureux essais scientifiques, quant à imaginer, dis-je, que la Katie King des trois dernières années est le résultat d'une imposture, cela fait plus de violence à la raison et au bon sens que de croire qu'elle est ce qu'elle affirme elle-même. »

Il est utile de lire et de relire ces lignes consacrées par l'illustre savant à la jeune fille qui fut l'instrument de ces merveilleuses expériences : même réflexion pour les observations qui suivent :

« Il ne serait pas convenable à moi de clore cet article sans remercier également Monsieur et Madame Cook pour les grandes facilités qu'ils m'ont données de poursuivre mes observations et mes expériences. Mes remerciements sont dus aussi à M. Charles Blackburn pour sa générosité qui a permis à mademoiselle Cook de consacrer tout son temps au développement de ces manifestations et, en dernier lieu, à leur examen scientifique. »

Cette expérience de Crookes date du mois de mai 1874, elle s'est passée en Angleterre ; elle présente des garanties scientifiques remarquables, à cause des titres de l'expérimentateur et à cause de la qualité des témoins du phénomène, à cause surtout de la méthode ingénieuse adoptée par l'expérimentateur afin d'obtenir des clichés supprimant l'hypothèse d'une hallucination de l'œil, afin d'obtenir des comptes-rendus sténographiés parant à l'objection d'une erreur de mémoire.

Un grand savant allemand, M. Zœlnner, s'est livré, dans sa maison de Leipsig, à des études du même genre que celles de Crookes : il est parvenu aux mêmes conclusions. Le professeur Zœlnner a observé des phénomènes extraordinaires : il les a classés en neuf catégories.

La classification de M. Crookes a été citée plus haut ; elle comprenait treize numéros. Voici les phénomènes d'après le classement de M. Zœlnner :

1. Mouvement de l'aiguille aimantée enfermée dans une boîte par la seule *force* du médium.

2. Coups frappés dans une table.

3. Mouvement d'objets lourds : le lit de M. Zœlnner transporté à deux pieds du mur, le médium étant assis le dos tourné au lit, les jambes croisées et bien en vue.

4. Un écran est brisé avec fracas sans contact avec le médium ; les morceaux sont projetés à cinq pieds.

5. Ecriture produite entre deux ardoises appartenant à M. Zœlnner et tenues bien en vue.

6. Aimantation d'une aiguille d'acier.

7. Réaction acide donnée à des substances neutres.

8. Empreintes de mains et de *pieds nus* sur du noir de fumée ou de la farine ne correspondant pas à l'empreinte des mains ou des pieds du médium, qui restèrent en vue pendant l'expérience : les pieds du médium étaient chaussés.

9. Nœuds produits dans des bandes de cuir scellées aux deux bouts et tenues sous les mains du médium et de M. Zœlnner.

Pour suivre par le menu l'expérimentation du professeur allemand (qui appartient à notre Académie des Sciences comme correspondant), il faut feuilleter les *Wissenschaftliche Abhandlungen* : c'est un ouvrage en quatre volumes in-octavo, publié par Zœlnner en 1881 : on trouve aussi des particularités expérimentales intéressantes dans *Naturwissenschaft und christliche Offenbarung*, autre ouvrage du même savant, publié à Leipsig comme le précédent.

J'ai sur ma table un ouvrage intitulé *Force Psychique* : je trouve à la première page une lettre adressée à l'auteur :

Paris, 4 décembre 1888.

Mon cher Rambaud,

Il y a plus de quarante ans que j'observe en curieux les phénomènes qui, sous le nom de magnétisme, somnambulisme, extase, seconde vue, etc., étaient dans ma jeunesse la *risée des savants*. Quand je me hasardais à leur faire part de quelque expérience où mon scepticisme avait dû se rendre à l'évidence, quel accueil et quelle gaieté ! J'entends encore le rire d'un vieux docteur de mes amis à qui je parlais de certaine fille que des passes magnétiques mettaient en catalepsie... Or, voilà que tous les faits *niés alors de parti pris* sont aujourd'hui acceptés, affirmés par les mêmes gens qui les traitaient de jongleries. Il n'est pas de jour où quelque jeune savant ne me révèle des nouveautés que je connaissais avant qu'il fût né. Je n'y vois rien de changé que le nom. Ce n'est plus le *magnétisme*. Vous pensez bien que ce mot sonnait mal aux oreilles de ceux qui l'avaient tant ridiculisé ! C'est l'*hypnotisme*, la *suggestion* ; désignations qui ont meilleure grâce. »

Le signataire de cette lettre est M. Victorien Sardou, un homme d'esprit qui a fort bien su faire valoir ses talents, il continue longtemps sur ce ton ; voici la fin de sa lettre :

« Le spiritisme a surtout à vaincre deux grands obstacles : l'indifférence d'une génération toute à ses plaisirs et à ses intérêts matériels, et cette *défaillance des caractères chaque jour plus manifeste dans un pays où personne n'a plus le courage de son opinion*, mais se préoccupe surtout de celle du voisin, et ne se permet d'en adopter une que lorsqu'il lui est bien prouvé qu'elle est celle de tout le monde. En toute matière : arts, lettres, politique, sciences, etc., ce que l'on redoute le plus, c'est de *passer pour un naïf* qui croit à quelque chose, ou pour un enthousiaste qui ne s'y connaît pas, puisqu'il admire ! »

Cela est plein de justesse, ainsi que l'apostrophe mise par M. Sardou dans la bouche de M. Joseph Prudhomme : *Alors, monsieur ! vous admettez donc le surnaturel ?*

« Non, Prudhomme, non ! je n'admets pas le surnaturel. Il n'y a pas de surnaturel. Dès qu'un fait se produit, ce n'est que par l'effet d'une loi de la nature. Il est donc naturel. Et le nier *à priori*, sans examen, sous prétexte que la loi productrice n'existe pas ; déclarer qu'elle n'existe pas parce qu'elle est inconnue ; contester la réalité du fait, parce qu'il ne rentre pas dans l'ordre des faits établis et des lois constatées, c'est *l'erreur d'un esprit mal équilibré* qui croit connaître toutes les lois de la nature. *Si quelque savant a cette prétention-là, c'est un pauvre homme !* »

La lettre de M. Victorien Sardou est spirituelle, elle prouve que l'un des plus brillants esprits de ce temps croit à la magie et ne s'en cache pas. Quant à l'ouvrage auquel la lettre sert de préface, voici son début :

« M. Tissot, qui a repris depuis longtemps

possession de son hôtel de l'avenue du Bois de Boulogne, après un voyage mystique en Palestine, est un peintre qui, quoique impersonnel, n'est pas sans valeur... » Après ce préambule, l'auteur raconte que, dans un voyage à Londres, M. Tissot fut conduit aux *Dark Séances* que donnait le médium William Eglinton.

« M. Eglinton est inconnu ou à peu près chez nous... Il demande avant tout pour opérer une demi-obscurité : on baisse la flamme du gaz jusqu'au moment où l'on en arrive au *blue light*. Les spectateurs s'asseyent et l'expérience a lieu.

» Le médium Eglinton commence à entrer en *trance* : il va et vient, se promène, s'énerve un peu, à la façon des derviches, piétine sur place, frotte et tord furieusement ses mains, puis il s'arrête tout à coup, croise les bras et devient immobile. »

C'est la première fois que paraît dans ce livre le nom du fameux médium Eglinton. J'écris *fameux*, bien que sur mille de mes lecteurs, il y en ait sans doute plus de neuf cent quatre-vingt-dix qui ignorent ce nom.

En France, Eglinton est presque inconnu, bien que sa réputation soit extraordinaire en Angleterre.

« A ce moment, sur différentes parties des vêtements du médium, apparaissent des plaques lumineuses et blanches qu'on ne saurait comparer à la phosphorescence produite par le frottement d'une allumette sur un mur dans l'obscurité mais bien plutôt à de la *poussière de lune*. Puis ces plaques lumineuses disparaissent, pour se réunir sur la poitrine du sujet d'où elles tombent lentement en une nappe transparente suivant le corps jusque sur le sol. »

Ce curieux phénomène est décrit par l'auteur de *Force Psychique* en phrases pittoresques : « Figurez-vous de la fumée lourde de cigarette qui, une fois qu'elle a atteint le parquet, s'enroule en évolutions nuageuses, épaissit et remonte toujours plus opaque jusqu'au-dessus de la tête du médium. Alors, celui-ci pousse un grand cri, tombe raide par terre dans un état de catalepsie absolue, et, à sa place, la *fumée lumineuse se matérialisant tout à coup*, prend la forme d'un être quelconque ou *mort depuis longtemps, ou simplement absent.* »

Nous voilà en pleine magie ! Si le lecteur demandait comment il peut se procurer le singulier ouvrage auquel est empruntée cette citation, je lui dirais que l'exemplaire sur lequel sont copiées ces lignes, est édité par Ludovic Baschet : c'est un fascicule in-quarto jésus de 52 pages, orné de la mention : Il a été tiré de cette édition 500 exemplaires numérotés. Au-dessous de cette mention, l'exemplaire porte le numéro 414. L'auteur de *Force Psychique* poursuit ainsi son exposition :

« Cette matérialisation est complète ; l'individu dont on voit l'image est le même ; visible pour tous : IL PARLE, il marche, *il est palpable*. Quelquefois, l'expérience se prolongeant, il arrive que le médium sans bouger de place, *toujours étendu sur le sol*, se matérialise lui-même et apparait à son tour à côté du spectre évoqué. »

Après les expériences scientifiques du docteur Crookes, ce phénomène n'est pas pour étonner beaucoup ; une fois dans la magie, pourquoi s'arrêter en route ? « Ces matérialisations sont encore d'une durée assez grande ; je n'en veux pour preuve que le fait suivant : un jour, M. Tissot vit apparaitre chez Eglinton une jeune femme qui lui était chère, morte quelques années auparavant. En la voyant, il s'écria d'abord :

C'est bien elle ! puis se remettant peu à peu, il ajouta : *Je ne lui croyais pas le menton aussi petit que cela !* Il prit alors ses pinceaux, esquissa immédiatement son image, qui se dédoubla, et derrière laquelle parut celle d'Eglinton, dont il fit aussi le portrait. Il questionna son ancienne amie, mais n'en obtint point de réponse. »

Voilà un fait d'apparition fort net, c'est de la haute magie : la *force animique* du médium est condensée par une force invisible en un fantôme. Ce fantôme est à la ressemblance d'une défunte amie du peintre Tissot. Le peintre peint le portrait de l'apparition. Il questionne l'apparition, celle-ci reste muette ! « Les mains seules de l'apparition *devinrent lumineuses du côté de la paume,* comme si elle cachait une lumière pâle. Tout ce que put obtenir le peintre, c'est *un baiser que lui rendit l'apparition !* »

Cela est à rapprocher de l'apparition de Katie. Katie causait ; Katie répondait aux questions posées ; l'apparition de l'amie du peintre Tissot est muette ! Katie était jolie, plus que les mots ne savent l'exprimer. L'apparition du peintre Tissot était-elle jolie? *Force Psychique* ne le dit pas, mais on peut le présumer, puisque le peintre lui demanda un baiser qu'il obtint d'ailleurs.

« William Eglinton est né le 10 juillet 1857 à Islington, un des faubourgs de Londres, dans la partie nord-ouest de cette grande cité. Son père était écossais et sa mère, une demoiselle Wyse, était anglaise et de Londres même : excellentes gens l'un et l'autre, mais le père ne croyant à rien et ne pratiquant aucune religion, et la mère au contraire d'une piété douce et résignée. Le courant paternel entraina d'abord le jeune William : enfant et puis adolescent, le petit bonhomme fut matérialiste et athée. Mais, à la mort de sa mère, en juillet 1873, de sa mère qu'il aimait et vénérait, il commença à penser et se posa la grande question qui résume toute la philosophie : *Qu'est-ce que mourir ?* » C'est là une considération philosophique que l'on ne s'attend guère à trouver sous la plume de nos contemporains : il ne faut pas pourtant en contester la justesse.

« C'est par la mort, en effet, que la vie s'explique, la mort expliquée, le mystère de la vie n'en est plus un. On ne sait bien pourquoi l'on vit et comment on doit vivre que lorsqu'on sait ce que mourir veut dire et ce qui s'ensuit du trépas. A cette époque, William Eglinton suivait avec son père les cours inaugurés à la salle des sciences (Hall of sciences), par M. Charles Brandlang. Un jour — c'était en février 1874 — une discussion sur le spiritisme s'engagea dans un de ces cours entre le docteur Lexton et M. Foote, celui-ci attaquant et l'autre défendant. »

Ce qui est à retenir, c'est cette date de février 1874 ; elle apprend que la manifestation médianimique du fameux Eglinton se produisit avant ses dix-sept ans accomplis.

« M. Lexton qui avait débuté, lui aussi, dans la carrière par le scepticisme, et que la vue des choses avait converti à d'autres idées, invoquait à l'appui de son exposé sa propre expérience et engageait ses auditeurs, en leur en développant la méthode, à faire des expériences comme il avait fait lui-même. Le père Eglinton trouva le motif excellent et il résolut d'en essayer la preuve. Un petit cercle d'intimes fut organisé chez lui ; mais les premières séances n'aboutirent à rien. Le jeune

William, désappointé et découragé, commençait de trouver la chose ridicule. Il alla jusqu'à écrire sur la porte de la salle de ces petites réunions : ICI SONT ENFERMÉS DES FOUS. Le père se fâcha, il signifia à son fils, ou de se joindre au cercle et de s'y tenir tranquille, ou de quitter la maison aux heures des séances. »

Tels furent, d'après l'auteur de *Force Psychique*, les débuts de cet Eglinton qui procura au peintre Tissot l'apparition rapportée plus haut.

« Pour les théosophes, il ne s'agit point de spiritisme dans les apparitions ou matérialisations provoquées avec ou *sans le concours* d'un médium endormi ; la nature est seule en jeu ; seule elle produit ces phénomènes par le fluide magnétique dont nous disposons tous, mais dont un petit nombre d'adeptes parviennent seuls à se servir, tant la matière et les passions obscurcissent en nous la lumière radiante. Cette *doctrine*, conforme à celle des anciens mages de l'Egypte, tend à la spiritualisation de notre être ; elle *combat nos tendances sensuelles* et prétend que le miracle n'est que l'effet du pouvoir magnétique que nous acquérons par notre force psychique, par

notre *victoire sur nos sens*, par la *prière*
à Dieu, suprême dispensateur des forces. »

Cet exposé est-il rigoureusement exact ?
Il y aurait à l'examiner ; toutefois, *en gros*
on perçoit dans ces observations relativement à la *victoire sur les sens*, relativement à la *prière*, un trait qui rappelle l'observation du docteur Gibier citée plus haut relativement au régime diététique qui exalte les facultés extériorisantes des thaumaturges.

« Il faut, pour étudier ces faits, les distinguer en trois classes : matérialisations de personnes mortes, matérialisations de personnes vivantes et éloignées, et matérialisations d'objets. On peut rejeter en bloc la possibilité de ces phénomènes, mais il paraît difficile d'admettre l'un et de nier la possibilité de l'autre ; car s'il est vrai qu'un fluide puisse se condenser au point de prendre une apparence lumineuse, il n'y a aucune distance entre la forme et la réalité matérielle ; l'une ne peut aller sans l'autre. »

Tout cela est-il d'une sévère logique ? Il serait long de résoudre la question. Le plus simple est de suivre l'énumération des savants étrangers qui ont étudié non pas la *possibilité* de ces phénomènes, mais ce qui est plus simple, LEUR RÉALITÉ.

« En Amérique, M. EPES SARGENT, auteur d'un remarquable ouvrage intitulé : *The scientific Basis of Spiritualism*. M. ROBERT HARE, docteur-médecin, professeur de chimie à l'Université de Pensylvanie, un des savants les plus distingués de toute l'Amérique, inventeur entr'autres choses du chalumeau oxy-hydrogène. Il a rendu compte de ses propres expériences dans un ouvrage intitulé : *Recherches expérimentales sur les manifestations spirites*. M. G. W. EDMONDS, ancien président du Sénat américain, juge à la Cour suprême de New-York. Il a publié aussi ses expériences dans son livre *Les Manifestations spirites*. M. ROBERT DALE OWEN, ministre des Etats-Unis à Naples, auteur de la *Physiologie morale* et de la *Politique d'Emancipation*. Il a raconté les nombreux faits de matérialisation dont il a été le témoin dans *Footfalls on the boundary of another World* et *The debatable Land* ».

Cette liste est déjà longue ; vient ensuite la liste des savants anglais. Crookes d'abord, puis M. Richard Wallace, de la Société Royale de Londres, qui partage avec Darwin la popularité attachée aux doctrines de l'évolution et de la sélection. M. Richard Wallace est auteur du livre : *Miracles and modern spiritualism*. Il faut nommer ensuite M. Auguste de Morgan, président de la Société mathématique, doyen de l'*University Collège* de Londres : il a composé : *Dix années d'expériences sur les manifestations spirites*. L'Angleterre a fourni, outre ces trois savants, un chiffre élevé de physiciens qui ont examiné ces phénomènes spirites. Entr'autres, M. Harley, de l'Institut royal de Londres, qui a lui-même photographié le spectre de Katie King, le docteur Gully, célèbre par ses études sur l'hydropathie, les docteurs Nowitt, Nasau, William senior.

En Allemagne, outre Zœllner, déjà nommé, il faut citer Hellenbuch, du Rel, Fichte ; en Suède, Tornebon et Edland ; en Russie, Aksakof.

Il faut avoir lu et relu les expériences de ces savants pour se faire une idée d'ensemble de la *force psychique*, synonyme du mot *périsprit* et de l'expression *force animique*, déjà employés pour expliquer divers phénomènes de magie.

Deux faits singuliers sont contés par

M. Rambaud comme lui étant survenus, le premier quand il était âgé de douze ans, en 1856 ; le second onze années plus tard, en 1867. Que les gens curieux de ces sortes de récits se reportent à *Force psychique*, s'ils tiennent à en connaître les détails : ces récits sont longs ; au point de vue scientifique, ils ne prouvent rien ou presque rien : en effet, de pareils récits valent par la vérification aisée des assertions du conteur ; or, dans ces deux cas, il faut purement et simplement ajouter foi au dire du narrateur.

Je n'ai pas l'avantage de connaître personnellement M. Rambaud ; je ne le connais que par le livre *Force psychique* ; je ne puis invoquer en sa faveur des gages de véracité analogues, même de loin, à ceux que méritent à des titres divers soit le docteur Gibier, soit le curé d'Ars, soit M. Crookes : il est donc inutile d'analyser ces deux récits, ou de les examiner comme il a été fait précédemment pour les faits ayant la valeur de documents fondamentaux : je me borne à les signaler. ils sont fort curieux.

L'auteur de *Force Psychique* cite le fait suivant (page 34), celui-là peut être susceptible de vérification :

« *M. Beissac, officier de la Légion d'honneur, occupe une haute fonction au ministère de la guerre*; c'est un linguiste remarquable qui écrit et parle toutes les langues de l'Europe, sans compter la plupart des langues de l'Orient. Je lui fis un jour l'observation qu'il était malheureux que les médiums matérialisants ne se produisissent qu'à l'étranger. *Détrompez-vous* ! me dit-il. Il y a en France des médiums matérialisants. Un entr'autres, *madame Bablin*. Voici une expérience émanant d'elle, qui s'est produite, il y a quelques mois chez elle, *rue du Faubourg-Poissonnière*. Il y avait réunion intime, dix ou douze personnes au plus, parmi lesquelles un employé de ministère avec sa femme et ses trois enfants. Cet employé de ministère avait eu pour collègue un ami, mort depuis un certain temps, laissant derrière lui une fille naturelle dont la mère avait disparu. *Cette petite fille trouva chez lui table et gîte* ; elle avait sept ans le jour où elle tomba malade d'une affection varioleuse. La situation était précaire et la crainte de la contagion obligea l'employé à envoyer la petite orpheline à l'hôpital de l'Enfant-Jésus, situé non loin de l'hôpital

Necker. Deux jours s'étaient passés depuis son entrée dans la maison hospitalière et *la réunion chez madame Bablin avait lieu.* Sur les instances de ses amis, madame Bablin entra en catalepsie, la lumière des lampes ayant été au préalable un peu baissée; au bout d'un instant, *la petite malade apparut*, vêtue de blanc, *parfaitement tangible*; elle pleurait à chaudes larmes. Le tuteur, sa femme et ses trois enfants la reconnurent immédiatement et on lui demanda la cause de sa peine. *Je suis morte depuis ce matin, à sept heures!* répondit-elle. Et une seconde après, le spectre matérialisé disparut, laissant dans la stupeur tous les assistants. La nouvelle de la mort de l'enfant, donnée par l'enfant elle-même, fut contrôlée : elle était malheureusement exacte. »

Le phénomène décrit dans les lignes qui précèdent résume d'une façon saisissante la physionomie d'un grand nombre d'apparitions semblables. Pour compléter l'examen rapide des divers genres de phénomènes où s'exerce la magie actuelle, voici un extrait du journal le *Médium*, emprunté au numéro du 24 juin 1887. Le médium Eglinton raconte à sa manière les expériences qu'il aida à réaliser à St-Pétersbourg devant le tzar.

« Après le thé, on passa dans une chambre où prirent place en se tenant la main, l'EMPEREUR, l'IMPÉRATRICE, le Grand-Duc et la Grande-Duchesse d'Oldenbourg, le Grand-Duc et la Grande-Duchesse Serge, le Grand-Duc Wladimir, le général Richter, le prince Alexandre d'Oldenbourg. Les lumières furent éteintes et les manifestations commencèrent ; la plus frappante fut *une voix qui s'adressa en russe à l'IMPÉRATRICE et causa avec elle pendant quelques instants. Une forme féminine fut aperçue entre le Grand-Duc Serge et la princesse d'Oldenbourg, mais elle disparut bientôt. Une grande boîte à musique pesant au moins quarante livres fut portée tout autour du cercle jusqu'à ce qu'elle vint s'arrêter sur la main de l'EMPEREUR, pour être enlevée de nouveau sur sa demande. Pendant ce temps, les nombreuses bagues dont la main de SA MAJESTÉ était couverte m'entraient dans la main et je dus la prier de ne pas me serrer avec tant de force. Je commençai alors à M'ÉLEVER DANS L'AIR*, tandis que l'IMPÉRATRICE et la princesse d'Oldenbourg continuaient à me tenir la main.

La confusion devint indescriptible lorsque, *m'élevant de plus en plus haut*, mes voisines durent monter sur leurs chaises afin de me suivre. Cette idée qu'une Impératrice était obligée de poser ainsi à l'antique, au risque de se blesser, était peu propre à maintenir l'équilibre mental du médium et je demandai plusieurs fois qu'on levât la séance. Mais ce fut inutilement et je continuai à monter jusqu'à ce que mes deux pieds touchassent deux épaules, sur lesquelles je m'appuyai et qui étaient celles de l'Empereur et du Grand-Duc d'Oldenbourg, ce qui fit dire à l'un des assistants : *C'est la première fois que l'Empereur se trouve sous les pieds de quelqu'un.* Lorsque je fus redescendu, la séance fut terminée. »

Eglinton achève ainsi son récit : « L'un des incidents les plus agréables de mon séjour en Russie fut la *rencontre de M. de Giers*, le grand ministre. C'est un spirite convaincu, *ses deux fils sont médiums*. Une curieuse séance eut lieu chez le général Gresser, le chef de la police, celui qui, de sa propre main, avait arrêté un homme qui portait des bombes pour les jeter sur le chemin du czar. Naturellement, le bruit fait autour de mon nom émut la presse religieuse. Alors la discussion s'envenima entre les deux partis traditionnels, l'un pour moi, l'autre contre moi ; *dans ces conditions, je quittai la Russie*, après avoir passé deux semaines à Moscou. »

Il est facile de multiplier les récits d'expériences actuelles de magie ; le difficile est de séparer l'exact de l'inexact, le vrai du faux dans les impressions rapportées de la meilleure foi du monde par les témoins ou par les acteurs ayant une médiocre instruction scientifique. Ce qui a été rapporté dans les pages qui précèdent suffit à donner l'ordre ordinaire des phénomènes de la magie actuelle.

J'ai cité les documents avec la plus absolue fidélité. Dans cet ordre de faits, l'autorité du personnage qui décrit le phénomène est la garantie la plus précieuse de l'authenticité des détails. La narration des phénomènes les plus merveilleux est dénuée d'intérêt scientifique quand elle est présumée n'être que l'amplification d'un mystificateur inventif, l'hallucination d'un cerveau exalté, la supercherie d'un prestidigitateur. Trois conditions doivent être remplies par chacun des auteurs, par chacun des expérimentateurs de la main de qui sont tenus les documents relatifs aux faits de la magie : *sincérité, présence d'esprit, désintéressement*. Si l'une de ces conditions fait défaut à l'un des anneaux de la chaine qui réunit le lecteur au phénomène invoqué, on possède un fait intéressant, on ne possède pas un fait scientifique. D'où la difficulté de produire des documents probants, quand il s'agit de faits remontant au-delà d'une génération, quand ces faits n'ont pas été l'objet de procès-verbaux solennels. Que vaudront dans cent ans les phénomènes contés par le docteur Gibier, les faits relatés par l'abbé Monnin dans la vie du curé d'Ars, les expériences rapportées par le docteur Ochorowicz ou par M. Crookes ? Fort peu de chose ! La vérification des témoignages, qui est encore possible aujourd'hui, sera devenue illusoire ; tous les témoins auront disparu !

Sous ces réserves, j'ai examiné un livre publié il y a vingt-sept ans ; ce n'est pas un ouvrage d'actualité comme celui du docteur Gibier ou comme celui du docteur Ochorowicz ; ce n'est pas un volume de rapide lecture comme *Force Psychique*, car il comprend six volumes in-octavo ! Le premier volume a xxiv-576 pages et le sixième volume en a 894 ; toutefois, cet ouvrage mérite d'être lu, ne serait-ce qu'à cause de la préface écrite en 1863. On y lit (page v) :

« En 1841, le *hasard* fit tomber entre mes mains, pour la première fois, trois ouvrages dont les auteurs sont depuis longtemps flétris pour leur crédulité et leur cruauté : *de Lancre*, conseiller au parlement de Bordeaux ; *Remi*, procureur général du duc de Lorraine, et *Bodin*, avocat au parlement de Paris. Tous ont composé des traités où ils ont voulu démontrer par des faits qu'ils avaient eu à examiner, l'existence des esprits, de la *magie*, et la nécessité de la punir. Sujets depuis longtemps honnis ; livres dont la lecture est rebutante à cause de la vétusté du langage et surtout des extravagances, des folies, des atrocités, dit-on, qu'ils renferment ; livres des siècles d'ignorance enfin, qu'il faut jeter au feu. La *curiosité* qui me les fit acheter me donna le courage de les lire : je le fis avec la défiance que devait éprouver tout lecteur qui ne connaissait que le nom exécré de leurs auteurs. Autant frappé du ton de conviction de ceux-ci que des faits qu'ils rapportent, je pensais, malgré moi, que tout ne pouvait y être mensonge ou erreur ; *plusieurs faits me semblèrent si bien prouvés*, que, refusant *comme mes contemporains* de les attribuer aux *agents d'un monde invisible*, je supposai qu'il y avait un fond de vérité avec beaucoup d'exagération. »

Bref, l'auteur de l'ouvrage, M. Joseph Bizouard, avocat, fut amené par la lecture de trois vieux livres au point où plus d'un lecteur de ces lignes est conduit par la lecture des expériences du docteur Gibier, du professeur Crookes, du docteur Ochorowicz. Cela poussa M. Bizouard à étudier la *magie* depuis l'antiquité jusqu'en 1863 à travers ses diverses formes, à travers les diverses contrées où elle a été en honneur. Le résultat de ces études fut les six volumes dont il a été parlé. Ils furent édités à Paris chez Gaume et Duprey, en 1863 et en 1864, sous ce titre caractéristique : DES RAPPORTS DE L'HOMME AVEC LE DÉMON ; *essai historique et philosophique*. Tout n'est pas à prendre dans ce livre : il y a quelques inexactitudes, il y a quelques erreurs, il y a parfois des exagérations ; toutefois, il y a beaucoup de choses intéressantes ; le livre mérite d'être consulté sur la question qui fait l'objet de la présente étude.

J'ai indiqué la difficulté que présentait la discussion et le contrôle des phénomènes magiques provoqués par le docteur Gibier, par l'académicien Crookes, par le docteur Ochorowicz. Cependant, il serait téméraire dans un livre scientifique d'examiner uniquement ces phénomènes ; bornée à l'examen des choses contemporaines, qui se passent à Paris ou près de Paris, la *phénoménologie* de la magie (excusez la barbarie du terme !), serait incomplète et elle risquerait de manquer de synthèse. Cela est clair ; il est évident qu'à borner la science aux phénomènes restreints que l'on peut observer par soi-même, on risque de négliger ce qui est essentiel : à procurer une idée d'ensemble des choses.

Toutefois, sans rien emprunter à l'histoire que les faits déjà cités dans le courant de cette étude, faits qu'on peut qualifier contemporains, puisque leurs auteurs ont vécu dans la seconde partie du dix-neuvième siècle, on peut déduire plusieurs conclusions :

I. Les expériences de Crookes ont prouvé

— autant que peut le prouver une expérience — la constitution de toutes pièces d'une apparition *parlant*, impressionnant l'appareil photographique, *ayant un cœur*, des poumons, *des cheveux*; les expériences de Crookes ont également établi la disparition de toutes pièces de cette même apparition.

II. On peut invoquer l'expérience du peintre Tissot comme confirmation des expériences du docteur Crookes. Isolée, l'expérience du peintre Tissot a une valeur scientifique contestable, parce qu'il n'est pas absolument évident qu'elle ait été entourée de précautions invincibles contre la supercherie. La personnalité du peintre Tissot n'est nullement comparable au point de vue scientifique à celle du docteur Crookes. L'affirmation du docteur Crookes que la supercherie était impossible dans son mode d'expérimentation est décisive, parce que l'expérimentation est le métier de Crookes et qu'il n'existe aucun savant parmi nos contemporains qui ait donné autant de preuves d'avoir su son métier. En citant pour mémoire l'apparition du peintre Tissot, on y trouve une répétition du phénomène observé par Crookes.

En se tenant à ces deux conclusions initiales, on est induit à en tirer des conséquences positives au point de vue philosophique. Le but de l'examen auquel nous nous livrerons n'est pas de faire saillir ces conséquences ; toutefois, il serait naïf de paraître les ignorer. Ces conséquences philosophiques constituent, en effet, une évidente contradiction aux doctrines qui ont cours dans nos académies. Si les deux conclusions formulées plus haut paraissent insuffisantes, il est loisible de les confirmer et de les compléter sans sortir du domaine des faits exposés dans les pages qui précèdent.

On peut contester la véracité de Crookes, on peut contester son habileté d'observateur. Ce sont là deux thèmes sur lesquels chacun a toute latitude de nier comme d'affirmer. Il n'est pas un homme qui ne soit en droit de refuser à un autre homme, soit la véracité, soit l'habileté, sans lesquelles aucune expérience n'est probante.

On ne peut renouveler les expériences de Crookes à volonté. Il faut un médium ; or, un médium est un appareil de physique fort rare ; c'est en outre un appareil délicat beaucoup plus sujet à se détraquer que n'est une machine d'Atwood. Dans de pareilles conditions, la discussion sera éternellement ouverte sur les dires du savant anglais. Toutefois, pour les gens de bon sens et de bonne foi, le doute n'est guère admissible tant sur la véracité que sur l'habileté professionnelle de Crookes.

Pour éclairer le lecteur, voici, d'après le deuxième Supplément du Grand Dictionnaire de Larousse, la biographie de l'académicien anglais. Par la nature des services qu'il doit rendre à sa clientèle, le *Grand Dictionnaire* vise à l'exactitude dans les biographies qu'il consacre aux personnalités illustres vivant à l'étranger. La plus stricte impartialité est la règle présidant à l'œuvre collective des écrivains qui concourent à la rédaction des *Suppléments* du Grand Dictionnaire de Larousse. S'il leur échappe une erreur, c'est involontairement. Est-il besoin d'ajouter que le *Grand Dictionnaire* enregistre surtout des faits, qu'il enregistre sommairement les doctrines. C'est à ce titre que la biographie de M. Crookes est reproduite *in extenso* sous les yeux du lecteur :

« Crookes (William), célèbre chimiste et physicien anglais, né à Londres le 17 juin

1833. Entré au collège royal de chimie en 1848, il remporta, à peine âgé de 17 ans, le grand prix Ashburton ; à dix-neuf ans, il était préparateur du chimiste Hoffmann, et à vingt ans, professeur suppléant au Collège royal. »

Tels furent les débuts du professeur Crookes ; ce ne sont pas là des antécédents qui disposent leur auteur à jouer le rôle de dupe.

« En 1854, il fut nommé inspecteur au département météorologique de l'observatoire Radcliffe, à Oxford, puis professeur de chimie au collège scientifique de Chester (1855).

« En 1859, il fonda la revue scientifique *Chemical News*. En 1864, il prit la direction du *Quarterly Journal of Sciences*. »

La seconde partie de la vie du professeur offrit les garanties les plus complètes d'intelligente activité que promettait sa jeunesse.

« Dès 1851, Crookes faisait de remarquables expériences sur les solénoïdes. En 1861, à l'aide du spectroscope et de l'analyse chimique, il découvrit un nouveau métal, LE THALLIUM. Il étudia aussi et signala les précieuses propriétés physiques et chimiques qui rendent la nouvelle substance propre à la construction de prismes fortement réfringents. »

A trente ans, le futur expérimentateur des phénomènes spirites entrait à la Société royale, le pendant anglais de notre Académie des sciences.

« A la suite de ces travaux, en 1863, William Crookes fut élu membre de la Société royale. En 1865, il inventa une nouvelle méthode pour séparer l'or et l'argent de leur minerai au moyen du sodium. »

Ce qui frappe dans l'énumération de ces titres scientifiques, c'est la souplesse de talent du physicien qui se pliait à toutes les besognes.

« En 1866, il fut chargé par le gouvernement de faire un rapport sur l'emploi des désinfectants en vue d'enrayer les progrès de la peste bovine qui sévissait alors. »

Bref, le personnage chargé de tant de missions pratiques n'est pas un enthousiaste qu'un charlatan puisse mener par le bout du nez.

« Ses études relatives à l'analyse spectrale, et plus particulièrement à l'étude du spectre solaire, le firent désigner comme membre de la commission anglaise chargée d'observer à Oran l'éclipse solaire de décembre 1871. »

Rien de ce qui touche à la science ne fut étranger à Crookes ; physique, chimie, météorologie, astronomie, biologie, il toucha avec un talent remarquable d'expérimentateur à ces diverses branches de l'activité humaine.

« L'année suivante, il fit des recherches sur les phénomènes de répulsion produits par les rayons de lumière, répulsion que Fresnel avait déjà constatée, sans néanmoins en reconnaître toute la portée. A la suite de ces études, Crookes inventa le RADIOMÈTRE, merveilleux petit appareil qu'il perfectionna et transforma ensuite en le nommant OTHÉISCOPE. Il résuma toutes ces précieuses et délicates recherches dans un travail d'ensemble communiqué le 11 décembre 1873 à la Société royale, travail intitulé : *Expériments on Repulsion resulting from radiation*, et qui lui valut la grande médaille royale. » La grande médaille royale est un prix dont se sont honorés les savants les plus illustres de notre siècle.

« L'éminent chimiste et physicien s'adonnait aussi à l'étude des phénomènes du spiritisme. Après maintes expériences, il acquit la conviction que ces phénomènes sont produits par une force intelligente et immatérielle. »

Ainsi, Crookes était en pleine possession de ses facultés, il avait quarante-trois ans quand, après avoir acquis les plus hautes récompenses, il aborda, en 1874, l'étude des phénomènes spirites.

« Il fit de persévérants efforts pour décider la Société royale à étudier officiellement et sérieusement ces phénomènes et il communiqua à cette Société le résultat de ses propres recherches dans un travail intitulé : *Researches in the Phenomena of Spiritualism* (1874). Ne trouvant pas le concours désiré au sein de la Société royale, il soumit la question à la Société britannique pour l'avancement des sciences à l'ouverture de la session de 1876 et proposa que le spiritisme fût l'objet d'une délibération de la section biologique de cette Société. »

Les académies actuelles ont un goût médiocre pour les recherches qui démolissent les doctrines caressées avec amour par les vieilles perruques qui y délibèrent et qui vivent de leur réputation d'antan. Ceci explique cela.

« En 1876, il fut élu vice-président de la Société de chimie, et l'année suivante, membre du conseil de la Société royale à laquelle il communiqua, en 1878, le mémorable travail intitulé : *Molecular Phenomena in High Vacua* (Physique moléculaire dans le vide). » Ce travail est des plus dignes d'être lus, tout au moins par les savants ; c'est la plus haute doctrine scientifique qui ait été formulée par un physicien.

« D'après ce travail, publié dans les *Philosophical Transactions*, il admet un quatrième état de la matière, l'état *extragazeux*, où la matière est radiante. » C'est là la grande découverte scientifique de Crookes, elle est postérieure aux expériences de Crookes sur les phénomènes spirites. Crookes avait donc alors la plénitude de ses facultés. « Il répéta à Paris en 1879, dans la grande salle de la Sorbonne, ses belles expériences sur ce sujet et, en 1880, l'Académie des Sciences lui décerna une médaille d'or et un prix de 3.000 fr. pour l'ensemble de ses expériences sur la matière radiante. » C'est à peu près tout ce que l'on sait en France des découvertes de Crookes, tant sont rares nos compatriotes capables de lire couramment un livre anglais !

« En 1880, William Crookes a fait partie du jury à l'Exposition internationale d'électricité de Paris. En cette qualité, il ne pouvait accepter ni prix ni médailles, mais ses collègues du jury, après avoir examiné tous les systèmes de lampes à incandescence de cette exposition, déclarèrent *qu'aucun de ces systèmes n'aurait donné de résultat pratique sans l'application du vide presque absolu, et William Crookes est le premier et jusqu'à ce jour le seul physicien qui nous a montré comment nous pouvons l'obtenir.* »

Ainsi, l'ingéniosité de Crookes, son habileté à mener une expérience était encore entière six années après ses fameuses expériences de spiritisme.

« En 1887, Crookes, toujours hardi dans ses conceptions, a présenté à la Société chimique de Londres, dont il est président, un travail fort curieux qui a fait quelque bruit, sur la genèse des éléments et la nature des corps simples ; mais les affirmations en pareille matière sortent encore du domaine purement scientifique. » Ici s'arrête la biographie de Crookes dans le

Grand Dictionnaire de Larousse : nous omettons en effet la formule : « Il a publié de nombreux ouvrages et la plupart font autorité. Voici les principaux... » Cette liste apprendrait peu de chose à nos lecteurs.

Il est essentiel de mettre en évidence la haute valeur scientifique du professeur Crookes. Si cette valeur était douteuse, l'autorité des expériences de Crookes deviendrait médiocre : on admettrait parfaitement que l'expérimentateur a pu être dupé par un habile charlatan, à l'exemple de l'académicien français qui fut berné par Vrain-Lucas. Crookes est un savant hors de pair ; dans la circonstance, il était pourvu d'appareils photographiques et de sténographes, afin de ne pas prêter au reproche d'avoir subi une hallucination de la vue ou de l'ouïe. Un nombre plus que suffisant de témoins, quatre, cinq, six, suivant les cas, ayant un renom scientifique mérité, assistaient silencieux aux expériences. Pour récuser les phénomènes produits devant Crookes, il faut admettre que l'illustre professeur s'est trompé ou a été trompé ; cela répugne. Scientifiquement, cela est absurde.

Si le professeur Crookes ne s'est pas trompé, la conséquence est grave. Une apparition possédant un corps, *des cheveux tout à fait réels*, une figure, *un cœur*, des poumons, *des vêtements*, se produit dans un laboratoire bien clos, où le petit nombre des assistants exclut la supercherie ! Cette apparition peut parler, *elle peut sourire*, elle peut exprimer la tristesse et la joie ; enfin, cette apparition peut disparaître comme elle a paru, sans laisser de traces matérielles de son passage autres que l'impression des plaques photographiques, la boucle de cheveux coupée sur sa tête, les morceaux du vêtement blanc coupés par un des assistants !

Le fait de cette apparition est gros de conséquences à divers points de vue. Un pareil phénomène étant scientifiquement constaté, on peut, par analogie, CONSIDÉRER COMME ADMISSIBLES un certain nombre de faits analogues relatés par la tradition, transmis par l'histoire et regardés comme absurdes par le rationalisme contemporain, parce qu'ils supposent l'*intervention d'esprits*. Pour ne spécifier qu'un seul détail, la scabreuse *question de l'incube et du succube*, tant controversée depuis quatre siècles, doit être discutée à un point de vue nouveau, après la certitude des phénomènes produits devant Crookes.

Les expériences du professeur Crookes ont été conduites avec une convenance parfaite; aussi celui qui trace ces lignes a-t-il quelque scrupule à en rapprocher la question inconvenante, qui se dissimule sous les termes précédents. Comment omettre pourtant cette conclusion formelle : l'expérience de Crookes a pour effet de montrer comme terriblement naïfs les magistrats et les philosophes du dix-neuvième siècle, qui ont découvert dans les circonvolutions complexes de leur cerveau, que le Moyen-Age avait divagué quand il avait exécuté les jugements de ses Parlements, touchant les cas extraordinaires où ce fait était établi par la concordance de témoins véridiques.

Dans un ordre d'idées plus élevé, au point de vue de l'absurdité des apparitions merveilleuses enregistrées par les historiens des diverses religions, les phénomènes opérés sous les yeux de Crookes sont féconds en conséquences. Pour n'en citer que deux exemples dans notre siècle, les apparitions de la Salette et de Lourdes deviennent des phénomènes sinon admissibles, tout au moins susceptibles d'être discutés ou examinés. Il ne suffit plus de dire que dans tout phénomène de ce genre, il y a DUPERIE ; les expériences de Crookes ont été conduites scientifiquement et sans duperie admissible ; elles ont présenté une ampleur d'*apparitions parlantes et vivantes* qu'aucun phénomène religieux n'a présentée au même degré.

Avant le récit fidèle des expériences préparées par Crookes, en 1874, les faits dont M. Vianney, le curé d'Ars, fut le témoin principal de 1824 à 1859, ont été cités. Au point de vue de la durée des phénomènes, les faits survenus à M. Vianney ont une ampleur beaucoup plus considérable que les phénomènes de Crookes.

Au point de vue de l'importance des manifestations sensibles, les phénomènes observés par M. Vianney et par les compagnons de sa vie ont beaucoup moins d'ampleur que les faits réalisés par le professeur Crookes. Les phénomènes d'Ars affectaient l'ouïe ; c'est exceptionnellement qu'ils affectaient l'œil : encore, quand ils affectaient l'œil, était-ce de manière médiocre, à la façon de la discipline qui rampait comme un serpent. Les phénomènes rapportés au sujet de M. Vianney n'en étaient pas moins réels. Le curé d'Ars était frappé; il était jeté à bas de son lit; ces sensations excluent le doute pour celui qui en est l'objet. Enfin, si l'on se reporte aux apparitions qui ont été signalées plus haut, d'après la biographie du curé d'Ars, elles ont eu une durée très courte, quelques fractions de secondes à peine. Leurs paroles se sont réduites à huit mots ! Encore ces mots étaient-ils vagues, sans un sens absolument clair et précis. En outre, ce qui est fort important au point de vue du degré de réalité de l'apparition, c'est dans le sommeil que M. Vianney perçut l'apparition et ses paroles, tandis que les phénomènes observés par Crookes se produisaient tandis que le professeur Crookes et ses invités étaient à l'état de veille, à l'affût du phénomène, en face d'appareils photographiques, dans des conditions expérimentales différant du tout au tout de celles où se produisait l'apparition inopinée du bon curé d'Ars.

A ces divers points de vue, les phénomènes de magie transcendante obtenus par le professeur Crookes ont une valeur scientifique beaucoup plus claire que les faits survenus à M. Vianney. Il serait cependant maladroit de négliger les avantages considérables présentés par les faits de la vie du curé d'Ars, si on les compare sur d'autres points à ceux du professeur Crookes. Les expériences magiques du professeur Crookes ont duré trois mois : les phénomènes magiques dont fut victime le curé d'Ars ont duré trois cent soixante mois et plus ! Enfin, au point de vue de la probité et du respect attachés à la personne du curé d'Ars, aucun savant, aucun haut personnage ne saurait être comparé à M. Vianney. En un mot, soupçonner M. Vianney d'avoir menti, d'avoir mystifié ses interlocuteurs, serait ridicule et téméraire. S'il faut un nouveau témoignage sur ce point, c'est au premier Supplément du *Grand Dictionnaire* de Larousse que nous l'emprunterons :

« Vianney (Jean-Marie), curé d'Ars, né à Dardilly, près de Lyon, le 8 mai 1786, mort à Ars, le 4 août 1859. Il reçut la prêtrise au mois d'août 1815. Peu après, il était nommé vicaire du curé d'Ecully, son ancien maître. Celui-ci étant mort en 1818, il quitta Ecully pour aller prendre possession de la petite curé d'Ars qui dépendait du diocèse de Lyon. Ce fut là que Vianney passa le reste de sa vie. *C'était un excellent prêtre, un homme de mœurs austères, d'une extrême frugalité, d'une charité inépuisable.* Par sa bonté, par sa simplicité, il se fit aimer de tous. Il s'occupa d'embellir son église, d'être utile à ses paroissiens, de fonder un établissement où il recueillit des orphelines. *La sorte d'attraction qu'il exerçait autour de lui par sa bonté lui acquit, au bout de quelques années, une réputation qui s'étendit au loin.* On vit une foule de gens se rendre à Ars pour lui demander des conseils, pour se confesser à lui; et, *comme il joignait à une foi naïve un esprit droit, il donnait des conseils excellents qui charmaient ceux qui l'écoutaient.*

« Ce prêtre de campagne n'avait rien de commun avec les fanatiques et avec les fougueux et implacables apôtres des doctrines ultramontaines. A l'époque où eut lieu le prétendu miracle de la Salette, le curé d'Ars voulut voir le berger Maximin; il eut deux entretiens avec lui, et, à la suite de cette entrevue, il refusa de signer les images de la Salette, sachant ce qu'il devait en penser. On prétend toutefois que, huit ans plus tard, il crut lui aussi à la véracité de Maximin ; mais il est permis de penser que le curé d'Ars crut devoir, comme ses confrères, s'incliner devant l'autorité ecclésiastique, qui avait admis l'authenticité du miracle. *L'abbé Vianney mourut en odeur de sainteté.* La légende se fit aussitôt autour de son nom. *On attribua au curé d'Ars des miracles que par respect pour le bon sens de nos lecteurs nous ne rapporterons point ici*, mais qu'on trouvera consignés dans une élucubration passablement grotesque intitulée : Vie intime de J.-M. Vianney, curé d'Ars, par X.-M. B***. »

Le Dictionnaire de Larousse n'est pas suspect de tendresse ou de fétichisme quand il s'agit d'un personnage tel que le curé d'Ars. Une remarque à ce sujet : quand fut publiée la lettre V du *Grand Dictionnaire*, M. Vianney était mort depuis plus de dix ans. Néanmoins, c'est seulement dans le Supplément de 1880 que le curé d'Ars obtint sa biographie dans le *Grand Dictionnaire* ; le temps, qui use mille et mille célébrités éphémères, avait amplifié la notoriété du modeste curé. La notice qu'il n'avait pas obtenue en 1872, il l'obtint en 1880!

J'ai insisté sur les conséquences décisives des expériences de Crookes au point de vue métaphysique, ou si l'on préfère au point de vue philosophique. Ces conséquences sont la principale raison de douter de l'exactitude ou de la sincérité des phénomènes qui composent ces mémorables expériences. Dans le même ordre de faits, j'ai rapproché des expériences de Crookes les phénomènes subis à maintes reprises pendant un laps de temps des plus longs (plus de trente années!) par M. Vianney, curé d'Ars.

Cette fois encore, la gravité des conséquences des phénomènes au point de vue philosophique est de nature à ébranler la créance à ces phénomènes : elle est capable de priver les oreilles, le toucher, la vue du curé d'Ars des garanties que l'on accorde habituellement aux sens de l'homme.

Au lecteur de peser les conséquences et de les comparer à la science de Crookes, à la loyauté du curé d'Ars ! L'homme est libre de croire ou de ne pas croire, si forts que semblent à un autre homme des arguments scientifiques ou des arguments testimoniaux ! Bref, il faut un acte libre de la volonté pour ajouter foi à un phénomène quelconque. On a foi à Crookes ! on a foi au curé d'Ars ! on peut également s'écrier : *Je me soucie de Crookes comme d'une guigne ! je n'ai que faire des bizarreries du curé d'Ars !*

Dans cet ordre d'idées, voici diverses réflexions de M. Charles Richet. Elles ont été publiées le 20 décembre 1890 dans la *Revue Scientifique,* sous le titre : LES HALLUCINATIONS TÉLÉPATHIQUES. Les phénomènes auxquels fait allusion M. Charles Richet sont voisins des phénomènes de magie dont ce livre s'est occupé jusqu'ici :

« Certes nous avons le droit d'être fiers de notre science de 1890. En comparant ce que nous savons aujourd'hui à ce que savaient nos ancêtres de 1490, nous admirerons la marche conquérante que l'homme a faite en quatre siècles. *Quatre siècles ont suffi pour créer des sciences qui n'existaient pas, même de nom,* depuis l'astronomie et la mécanique jusqu'à la chimie et la physiologie. Mais qu'est-ce que quatre siècles au prix de l'avenir qui s'ouvre à l'homme ? Est-il permis de supposer que nous ayons en si peu de temps épuisé tout ce que nous pouvons apprendre ? *Est-ce que, dans quatre siècles, en 2290, nos arrière-petits-neveux ne seront pas stupéfaits de notre ignorance d'aujourd'hui ? et plus stupéfaits encore de notre présomption à nier sans examen ce que nous ne comprenons pas ?* »

Cette présomption à nier sans examen, c'est (sauf le respect dû aux autorités constituées !) la ténacité de la volonté de maint académicien à refuser d'admettre les expériences de Crookes ou les témoignages du curé d'Ars.

« *Il y a des vérités nouvelles et quelque étranges qu'elles paraissent à notre routine, elles seront un jour scientifiquement démontrées. Cela n'est pas douteux. Il est mille fois certain que nous passons, sans les voir, à côté de phénomènes qui sont éclatants et que nous ne savons ni observer ni provoquer.* »

La peur du nouveau, l'amour de la routine, le culte des idées toutes faites, tels sont les sentiments auxquels se heurte la science nouvelle des phénomènes se rattachant à l'occultisme.

« Les hallucinations véridiques, qui sont

le principal objet de *ce livre*, rentrent probablement dans ces phénomènes ; difficiles à voir, *parce que notre attention ne s'y est pas suffisamment portée* et difficiles à admettre, *parce que nous avons peur de ce qui est nouveau.* »

Le livre dont M. Richet fait mention est un important ouvrage publié en anglais par des disciples de Crookes : MM. Gurney, Myers et Podmore.

Ce livre curieux a pour objet une partie importante de la Magie. Il n'en existait pas jusqu'ici de traduction en langue française. C'était une difficulté notable pour le public de Paris et des départements à contempler une des faces de la science magique sur laquelle les savants anglais ont projeté la plus éclatante lumière. Nous avons déjà remarqué que sur quatre médecins français il y en a trois qui ignorent doctement les expériences de Crookes. Nos bons docteurs rendent des points à ceux du *Malade imaginaire* ; ils se font volontiers un titre scientifique d'ignorer ce qui blesse leurs idées et de *vouloir l'ignorer* ; ces messieurs refusent doctement le *Dignus es intrare* au phénomène qui a l'audace de porter un costume d'autre coupe que l'uniforme autorisé par les maîtres tailleurs de l'Académie des Sciences.

M. Charles Richet apprécie l'ouvrage des trois savants anglais qui vient d'être indiqué, à un autre point de vue que nos académiciens. « Dans l'étude des hallucinations véridiques, MM. Gurney, Myers et Podmore ont cherché à concilier ce qui est en apparence inconciliable, d'une part une *précision rigoureuse dans la démonstration*, d'autre part une audace extraordinaire dans l'hypothèse. »

M. Richet confirme ainsi son jugement sur l'ouvrage anglais : « C'est pourquoi *l'ouvrage est vraiment scientifique*, si extraordinaire que puisse paraître la conclusion aux yeux de *ceux qui s'attribuent le monopole de l'esprit scientifique*. »

Ce qui nous frappe particulièrement, c'est l'opinion formelle de M. Charles Richet que pareil ouvrage est vraiment scientifique ! Au reste, M. Richet poursuit ainsi : « Supposons qu'il s'agisse de démontrer qu'il est certaines hallucinations, lesquelles au lieu d'être dues *au hasard de l'imagination*, présentent un rapport étroit avec un fait réel éloigné, impossible à connaître par le secours de nos sens normaux :

comment pourrait-on procéder à cette démonstration. Je ne vois guère que trois moyens : 1° le *raisonnement* ; 2° l'observation ; 3° *l'expérience.* »

Que peut-on obtenir de chacun de ces trois procédés ? C'est ce qui va être examiné avec beaucoup de prudence par l'auteur de l'article sur les Hallucinations télépathiques. « *Le raisonnement est insuffisant, cela est clair* ; jamais par A+B on ne pourra prouver qu'il y a de par le monde des revenants et des fantômes. » Donc, renonçons humblement à expliquer par le raisonnement un problème qui est inexplicable. Ne poursuivons pas l'impossible !

« L'observation est une ressource précieuse : mais *cette observation a un caractère empirique fortuit* qui ne permet pas une démonstration absolument irréfutable. Toutefois, *à force de patience et de persévérance*, certains cas bien complets, bien démonstratifs ont été recueillis qui constituent des *faits positifs*. L'interprétation en est évidemment très délicate : mais, à mon sens, *il n'est pas permis d'invoquer la mauvaise foi des observateurs ou la possibilité d'une coïncidence fortuite.* »

HALLUCINATION VÉRIDIQUE

Nous arrivons très près du point intéressant. Au reste, qu'est-ce qu'une hallucination véridique ? Il n'est pas inutile d'en présenter une définition explicite. Voici une exposition sous la forme mathématique. L'X et l'Y ne sont pas pour déconcerter le lecteur.

« Pour prendre un exemple précis, X étant dans l'Inde voit le 12 janvier, à huit heures du soir, l'*ombre*, le *fantôme* de son frère Y qui est en Angleterre et qu'il a tout lieu de savoir bien portant et ne courant aucun danger. Or, Y est précisément mort d'accident le 12 janvier, quelques heures auparavant, ce que X ne peut pas savoir. Donc, l'hallucination de X est véridique en rapport avec la mort de Y qui est réelle. » Voici pour la définition.

« Alors la conclusion s'impose ; il y a une relation entre l'hallucination de X et la mort d'Y : relation qui nous échappe absolument et que nous devons nous borner à constater. Faisons donc cette constatation ; faisons-la franchement, résolûment et concluons qu'il y a un lien entre les deux phénomènes. »

Rien que cette constatation est la ruine du matérialisme scientifique de nos académies !

« A vrai dire, cette observation est une donnée empirique, elle ne se reproduit pas comme nous le désirons. *C'est un fait, ce n'est pas une loi !* c'est un phénomène *entrevu*, ce n'est pas un phénomène *étudié.* C'est à peu près ainsi qu'avant Franklin et Galvani on connaissait l'électricité ! On savait que les maisons, les meules, les hommes sont frappés par la foudre du ciel ; mais on se bornait à constater les effets destructifs de l'éclair. On ne connaissait ni les conditions de l'étincelle électrique, ni les causes qui la faisaient naitre. En un mot, c'était un *grossier empirisme,* car *les sciences d'observation ne peuvent guère dépasser l'empirisme.* »

Comparer les sciences occultes à la science de l'électricité ! quelle audace ! quel dédain des autorités constituées !

« Toutefois plusieurs observations rapportées dans ce livre sont si bien prises, si complètes, *qu'il est difficile de ne pas se sentir ébranlé par de pareilles preuves.* »

La confidence de M. Charles Richet ressemble par plus d'un trait aux curieux aveux du docteur Ochorowicz constatant l'évolution de ses opinions au sujet de la transmission de la pensée. Après ce second exemple de palinodie, quel serait le lecteur assez osé pour ne pas douter un peu de lui-même avant d'aborder l'examen de ces difficiles matières ?

« Si l'on me permettait de citer mon propre exemple, je pourrais parler des *impressions successives* par lesquelles j'ai passé en lisant certains des récits exposés dans les *Phantasms of the Living*. Je n'ai pas abordé cette lecture sans une *incrédulité railleuse*; mais, peu à peu, comme je n'avais aucun fétichisme pour la science dite officielle, j'ai fini par acquérir la conviction que la plupart de ces récits étaient sincères, que les précautions multiples, nécessaires pour assurer par des témoignages exacts l'authenticité du fait avaient été prises et que si *extraordinaire que fût la conclusion, on ne pouvait se refuser à l'admettre.* »

De l'incrédulité railleuse avec laquelle il abordait la lecture de récits touchant les phénomènes de magie, M. Charles Richet est passé à la ferme conviction que les phénomènes avaient été réels, que les récits des témoins étaient sincères ! Le docteur Ochorowicz avait subi les mêmes phases à l'égard des phénomènes de suggestion mentale, à ce point que *un an avant d'écrire son livre*, le docteur ne considérait pas la question comme *suffisamment sérieuse pour légitimer une étude spéciale* !

A l'exemple du docteur Ochorowicz, M. Charles Richet se félicite de n'avoir été imbu d'aucun *fétichisme pour la science officielle* ! bref, il admet l'exactitude d'un certain nombre de phénomènes qui sont la négation du matérialisme scientifique sur lequel sont fondées les plus hautes réputations médicales du siècle qui va finir. Il convient au lecteur de lire avec attention les ouvrages qui ont fait subir à des hommes de science une impression aussi caractéristique.

Il ne faut pas croire que la réduction à des termes scientifiques soit aisée, lorsqu'il s'agit des phénomènes d'hallucination. Sur mille phénomènes de ce genre, à peine en trouve-t-on une douzaine qui puissent être dégagés des incertitudes testimoniales ; à peine en classe-t-on deux ou trois où la certitude soit positive ! Il est vrai que deux ou trois phénomènes scientifiquement prouvés suffisent à une démonstration, en dépit des centaines de phénomènes où la preuve est insuffisante.

M. Charles Richet compare avec justesse les sciences reposant sur l'empirisme avec les sciences qui ont l'avantage de pouvoir s'appuyer sur l'expérience : « Mais, — c'est là le défaut des sciences qui reposent sur l'empirisme et non sur l'expérience — *la conviction que donnent de pareils récits est fragile.* Quand il s'agit d'un fait qui peut être à chaque minute vérifié, comme la composition centésimale de l'eau en hydrogène et en oxygène, *il n'y a pas de place pour le doute ni l'hésitation.* La composition de l'eau est un fait d'une certitude absolue, tandis que l'authenticité et *la bonne observation d'une hallucination sont d'une certitude relative et imparfaite.* »

S'il faut ajouter foi aux lignes qui suivent, MM. Gurney, Myers et Podmore auraient résolu la question des hallucinations avec une perfection remarquable :

« Le long et patient travail de MM. Gurney, Myers et Podmore a consisté dans la collection des témoignages, la vérification des faits allégués, *la constatation des heures, des dates et des lieux par des documents officiels.* On devine quelle immense correspondance cette précision a exigé ! Il ne faut pas regretter tant d'efforts, car *le résultat a été excellent*. DES FAITS BIEN EXACTS, INDISCUTABLES, ONT ÉTÉ RAPPORTÉS. Autant que la preuve pouvait être faite par des témoignages, cette preuve a été faite ; et si la certitude n'est pas plus grande, c'est qu'elle ne pouvait l'être davantage, à cause de la méthode même qui n'est pas capable d'une aussi grande perfection, d'une précision aussi irréprochable que l'expérimentation. »

Nous examinerons plus tard l'ensemble des *hallucinations véridiques* auxquelles M. Charles Richet fait allusion ici. C'est en effet une des branches les plus curieuses de la magie que l'évocation d'un spectre à des lieues, à des centaines de lieues du point où est placé le corps du personnage dont ce spectre paraît être le dédoublement. Ce qui intéresse notre analyse actuelle, ce sont les considérations générales formulées par M. Richet sur les sciences magiques et sur la difficulté de démontrer quelque chose aux incrédules, quand il s'agit de sciences empiriques, où l'homme est esclave du phénomène, au lieu d'en être le maître.

ÊTRE FAITE PAR DES TÉMOIGNAGES 273

« Voyons alors ce que donne en pareille matière l'expérimentation. Eh bien ! je ne crains pas de l'avouer : c'est assez peu de chose. *Malgré tous nos efforts, nous n'avons pu ni les uns ni les autres démontrer rigoureusement qu'il y a suggestion mentale*, transmission de la pensée, lucidité, sommeil à distance. La démonstration adéquate nous échappe : car, si nous l'avions, elle serait si éclatante qu'*elle ne laisserait pas un incrédule*. Hélas ! les démonstrations expérimentales sont assez faibles pour qu'il soit bien permis d'être incrédule. Certes par ci, par là, on a rencontré de très beaux résultats que pour ma part je regarde comme très probants, sans prétendre qu'ils sont définitifs... »

En matière magique, qu'il s'agisse de suggestion mentale, qu'il soit question d'hallucinations véridiques, l'expérimentation donne fort peu de résultats. Ses ressources sont minimes. Il faut le constater loyalement.

« En parlant ainsi, je ne veux pas à coup sûr déprécier les résultats obtenus... *Ce qui rend les démonstrations expérimentales fragiles*, ce n'est pas qu'elles soient mauvaises, il y en a d'excellentes qu'on trouvera dans le cours de ce livre — C'EST QU'ELLES NE SONT PAS RÉPÉTABLES, ce qui se comprend si l'on songe à *l'infinie variété des intelligences humaines, qui se modifient elles-mêmes à chaque seconde, suivant des lois mystérieuses qui nous sont absolument fermées.* »

C'est là en effet la grosse difficulté du problème. La mobilité incroyable des intelligences humaines et l'impuissance de chaque individualité humaine à comprendre la mobilité des multiples intelligences qui lui sont offertes en spectacle. Cette mobilité de l'esprit barre la route aux essais d'expérimentation. Comme Protée, l'esprit glisse et disparaît au moment où l'expérimentateur croit le saisir !

« Assurément, c'est grand dommage, car la démonstration expérimentale, quand elle sera donnée — et je ne doute pas qu'elle le soit bientôt — a cet avantage de ne plus laisser le moindre refuge à l'hésitation. Le jour où l'on aura fourni une preuve expérimentale de la télépathie, la télépathie ne sera plus discutée et elle sera admise comme un phénomène naturel, aussi évident que la rotation de la terre autour de son axe ou que la contagion de la tuberculose. *Que l'on pense un peu à ce qui s'est passé pour le magnétisme animal et l'hypnotisme!* Personne ne voulait l'admettre, c'était comme une fable, une légende ridicule. *Il y a quelque dix-huit ans, quand je m'en suis occupé (avec une grande ardeur), j'étais presque forcé de me cacher pour ne pas exciter raillerie, dédain ou pitié!* On me disait que c'était me perdre, tomber dans le domaine des charlatans ou des songe-creux! » Cette manière de s'instruire par les erreurs et par les fautes des années précédentes, afin d'en éviter la répétition, est d'un sage : aucun argument ne saurait l'infirmer.

« Je m'imagine que, pour la télépathie, nous assisterons à une transformation pareille et que *notre audace d'aujourd'hui paraîtra dans quelques années une banalité tant soit peu enfantine.* »

Ce que M. Charles Richet appelle la télépathie, un mot nouveau, formé de toutes pièces avec deux mots grecs qui ont déjà composé mille expressions usuelles, — télégraphie et homœopathie entre autres — c'est la faculté pour l'âme humaine de se manifester à une distance considérable du point où réside le corps qu'elle anime. L'hallucination télépathique est la phénoménalité ordinaire de cette faculté, c'est tout au moins le phénomène par lequel les hommes perçoivent l'effet de la télépathie.

Les prévisions de M. Richet sur l'avenir de la science télépathique se vérifieront-elles? Il n'y a pas lieu d'en douter, si l'on se réfère aux progrès réalisés depuis un demi-siècle dans vingt autres sciences, aussi contestées que la télépathie.

Ce qui caractérise les phénomènes magiques, c'est le dédain de la science actuelle et des académiciens pour les examiner comme ils méritent de l'être.

« On trouverait sans peine cinq cents chimistes qui ont écrit des *mémoires sur la pyridine et ses dérivés*, mais on ne trouverait pas vingt psychologues ayant analysé avec méthode la télépathie. Peut-être même ce chiffre de vingt est-il encore beaucoup trop fort? Non! ce n'est pas vingt expérimentateurs, c'est bien cinq ou six qu'il faudrait dire ! »

Nous sommes dans l'impossibilité de rien observer sur l'exactitude des chiffres qui précèdent. Terminons ces citations par une remarque de M. Richet qui s'applique non seulement à *Phantasms of the Living*, mais à la plupart des livres touchant la magie.

« Revenons à l'ouvrage que nous présentons au public français. L'esprit français est positif et sceptique, et peut-être l'idée que *les revenants et les fantômes ont quelque réalité* fera sourire plus d'un de nos compatriotes. C'est la première fois qu'on ose *étudier scientifiquement le lendemain de la mort.* Qui donc osera dire, sans avoir jeté les yeux sur cet ouvrage, que c'est une folie ? »

Qui est ce M. Richet qui se prononce nettement en faveur de la réalité *des revenants.* Le lecteur peut ouvrir le Dictionnaire de Larousse, il y trouvera les indications suivantes :

« Charles Richet, né à Paris en 1850, docteur ès-sciences. Il fut reçu agrégé en 1878, il est directeur de la *Revue Scientifique* depuis le 14 février 1880. Il a publié divers ouvrages : la traduction de la *Circulation du sang d'Harvey, Les Poisons de l'Intelligence, Recherches expérimentales et chimiques sur la sensibilité,* etc... »

J'omets les titres de huit ouvrages de physiologie et d'un roman : ces ouvrages sont peu connus, ils témoignent seulement du labeur de leur auteur. Certes, M. Charles Richet n'est pas un savant comparable à Crookes, ni même au docteur Gibier. C'est un chercheur, c'est un diplômé, comme le commun du troupeau où paissent les futurs académiciens ; il accumule les matériaux qui lui permettront d'affronter le suffrage des gens du bout du Pont des Arts, lorsque la cinquantième année aura honorablement dégarni les tempes du candidat et modelé son faciès sur celui des hôtes du Palais-Cardinal.

Les réflexions de M. Charles Richet ont une portée qui dépasse la traduction du livre à laquelle ces réflexions servent de préface. Ces réflexions sont d'un à-propos saisissant, qu'il s'agisse des expériences de Crookes ! qu'il soit question des nuits du curé d'Ars ! qu'il y ait lieu de discuter les phénomènes de magic répétés dans la voiture des charlatans ambulants, ou dans les appartements somptueusement meublés des sibylles du faubourg Saint-Honoré !

J'ai sous les yeux un volume rare. *Il n'a été tiré de ces Recherches que vingt-cinq exemplaires,* comme l'indique une inscription placée vis à vis du titre : RECHERCHES

SUR LA MAGIE EGYPTIENNE, par Léon de Laborde. Le livre porte à sa première page la mention : *Paris, chez Jules Renouard, rue de Tournon, 1841*, avec l'indication : *Typographie de Firmin Didot, frères, rue Jacob, 56*. C'est un cahier de vingt-trois pages in-quarto, à quarante lignes à la page. Si un exemplaire de ce petit volume tombe sous la main d'un de mes lecteurs, au milieu d'une vente publique ou près de la case d'un bouquiniste, que le lecteur ne le laisse pas échapper. Ce petit livre vaut son poids d'argent et même un peu plus, les amateurs qui le recherchent vainement seraient trop heureux de l'obtenir en échange de deux louis!

Pourquoi l'auteur de la brochure, aujourd'hui défunt, restreignit-il le nombre des exemplaires de son livre à tel point qu'un exemplaire est presque introuvable à l'heure actuelle? Il serait téméraire de répondre avec certitude à la question.

On a dit que l'auteur de la brochure n'a pas voulu que le talisman dont il a dessiné l'exacte figure dans son livre pût tomber aux mains du premier venu et aider à reproduire les singulières évocations dont il avait été témoin et acteur.

Le lecteur jugera-t-il puérile cette réserve prêtée à l'auteur ? Cela est fort possible. Je conseillerai pourtant au lecteur de faire son profit de *l'incrédulité railleuse* avec laquelle un docteur ès-sciences cité tout à l'heure abordait la lecture de *Phantasms of the living*. Au reste, M. Léon de Laborde n'était pas le premier venu. Il avait des titres à la considération de ses contemporains. Pour édifier le lecteur sur ces titres, voilà un court extrait de la longue biographie consacrée par le Dictionnaire de Larousse à l'auteur des *Recherches sur la Magie égyptienne*.

« Laborde (Léon-Emmanuel-Simon-Joseph, comte de), né à Paris en 1807, mort à Paris en 1869, archéologue et voyageur français. Après avoir terminé ses études à l'Université de Gœttingue, il parcourut avec son père une grande partie de l'Orient et, grâce à son remarquable talent de dessinateur, tira de l'oubli une foule de monuments antiques. A son retour, il devint secrétaire de l'ambassade française à Rome en 1828, qui avait alors à sa tête Châteaubriand. Il succéda à son père, en 1842, à l'Académie des Inscriptions et belles-lettres et devint, en 1857, directeur général des archives de l'Empire. En 1868, il fut appelé à siéger au Sénat, etc... »

Un académicien peut se tromper, à l'instar du commun des mortels ; cependant, quand cet académicien, — ou si l'on préfère, ce futur académicien — parle de choses *qu'il a vues lui-même*, il convient de prêter attention à son récit.

J'ai noté que les *Recherches sur ce qu'il s'est conservé dans l'Egypte moderne de la Science des anciens magiciens*, dont j'ai un exemplaire sous les yeux, avaient été imprimées à si petit nombre que la consultation d'un exemplaire original était chose malaisée. Il est un moyen pourtant de se livrer à la lecture des points les plus intéressants de ce curieux mémoire, si l'on possède sous la main la collection de la *Revue des Deux-Mondes* pour l'année 1833. Une des livraisons de cette collection comprend la majeure partie de l'opuscule rarissime de 1841 : il en fournit la portion réellement intéressante, savoir ce que M. Léon de Laborde vit *de ses yeux*. Le livre de 1841 ne contient, en plus de l'article de 1833, que la réponse à des explications *par supercherie* au moyen desquelles certains savants d'alors avaient eu l'ingénieuse idée de trouver la raison secrète des phénomènes extraordinaires observés par M. Léon de Laborde.

Il avait été publié dans la livraison du mois d'août 1840, de la *Revue des Deux-Mondes*, un article de M. Pavie dont je ne me rappelle plus le titre. M. Pavie avait été fort sceptique à l'endroit du récit de M. Léon de Laborde ; il avait plaisanté ses recherches sur la magie. C'était son droit. M. Léon de Laborde crut de son avantage de rappeler les conditions dans lesquelles il avait *vu* les phénomènes, au milieu desquelles il avait provoqué l'évocation de divers personnages et provoqué des phénomènes de *divination*.

M. Léon de Laborde avait fait de la magie comme M. Jourdain faisait de la prose, sans avoir su exactement le *pourquoi* ni le *comment* de cette magie. Voici comment il résumait, en 1841, les curieux phénomènes rapportés par lui dans la *Revue des Deux-Mondes*, en 1833 :

« De toute cette concordance d'observations, il résulte un fait bien positif, c'est que *sous l'influence d'une organisation particulière* et par l'ensemble de CÉRÉMONIES au milieu desquelles il est difficile de distinguer celles qui aident à l'opération de celles qui n'en sont pour ainsi dire que le cortège d'apparat, *des enfants*, sans aucune préparation, sans qu'on puisse admettre de fraude, VOIENT DANS LE CREUX DE LEUR MAIN, avec la même facilité qu'à travers une lucarne, DES HOMMES SE MOUVOIR, PARAITRE ET DISPARAITRE, qu'ils appellent et *qui se produisent à leur commandement*, avec lesquels ils s'entretiennent et dont ils conservent le souvenir après l'opération ».

Ces phénomènes furent contestés dès que leur narration par M. de Laborde fut publiée, tant ils semblaient extraordinaires. Ils vont être examinés dans les pages qui suivent. Le comte de Laborde rapporte le fait, mais n'explique rien, car, écrit-il, « même après avoir produit moi-même ces effets surprenants, je ne me rends pas compte des résultats que j'ai obtenus ; j'établis seulement de la manière la plus positive et *j'affirme que tout ce que j'ai dit est vrai.* »

Après cette déclaration catégorique, M. de Laborde remarque ce qui suit :

« *Et après douze années qui se sont passées depuis que j'ai quitté l'Orient*, je fais cette déclaration, parce que, laissant de côté la réalité absolue des apparitions et même une exactitude quelconque dans les réponses, *je né puis admettre qu'on m'ait trompé et que je me sois trompé moi-même sur des faits qui se sont répétés vingt fois sous mes yeux*, PAR MA VOLONTÉ, devant une foule de témoins différents, en vingt endroits divers, *tantôt entre les quatre murs de ma chambre*, tantôt en plein air, ou bien *dans ma cange sur le Nil.* »

Ces renseignements préliminaires établissent que si M. Léon de Laborde était un jeune homme de vingt ans, lorsqu'il fut témoin et acteur dans les phénomènes magiques dont il fit la recherche en Egypte pendant l'année 1827, il a poursuivi ces recherches dans des conditions telles qu'il ne fut pas dupe : il n'assista pas à une seule séance de magie, mais bien à une dizaine ; il ne vit pas les phénomènes dans une salle machinée *ad hoc*, mais en plein air, dans sa propre chambre, dans sa cange, c'est-à-dire avec une variété des temps et des lieux excluant une grossière supercherie.

Cela dit, le lecteur va suivre pas à pas la curieuse relation des phénomènes qui se produisirent en présence de M. Léon de Laborde. L'autorité du personnage qui raconte est la principale cause de la créance qu'il faut accorder au récit. Si M. de Laborde avait été un jeune étourdi ou un jeune fou, comme tant d'autres de ses pairs à l'âge où il fut témoin de ces faits, son témoignage n'aurait presque aucun poids : il faudrait sourire et hausser poliment les épaules en lisant ce qui va suivre :

Le comte de Laborde raconte ainsi le début de son aventure (page 7) : « *J'étais établi au Caire depuis plusieurs mois* (1827), quand je fus averti un matin par *lord Prudhoe*, qu'un Algérien, *sorcier de son métier*, devait venir chez lui pour lui montrer un tour de magie qu'on disait extraordinaire. *Bien que j'eusse alors peu de confiance dans la magie orientale*, j'acceptai l'invitation. »

Lord Prudhoe était un grand personnage. Sa situation au Caire était considérable. Un jeune homme comme M. de Laborde ne pouvait être que flatté d'une pareille invitation.

« C'était d'ailleurs une occasion de me trouver en compagnie fort agréable. Lord

Prudhoe me reçut avec sa bonté ordinaire et cette humeur enjouée qu'il avait su conserver au milieu de ses connaissances si variées et de ses recherches assidues dans les contrées les plus difficiles à parcourir. Combien de gens se seraient affublés à moins d'un pédantisme intraitable! »

Rien que cette circonstance, *chez lord Prudhoe*, montre quelle était la qualité du milieu dans lequel se produisait le faiseur de tours algérien. Ce n'était pas un milieu favorable à la supercherie : c'était la réunion de personnes ayant beaucoup vu.

« *Achmed le sorcier n'est pas encore ici*, me dit-il, *mais voici un nargilé, et nous allons boire le café en l'attendant*. Alors nous nous assîmes et nous passâmes en revue ses projets et les miens ; car c'est le propre de cette vie de voyage si active qu'elle se consume en projets dans les moments de repos. »

Les circonstances de l'arrivée du sorcier, sa présentation, l'absence d'appareils, montre que toute explication par des mécanismes ou des trucs, paraît téméraire et médiocrement admissible.

« Un homme *grand et beau*, portant turban vert et benisch de même couleur, entra pendant ce temps ; c'était l'Algérien. *Il laissa ses souliers sur les bords du tapis*, alla s'asseoir sur un divan, *en déposant près de lui un benisch de plus qu'il portait sur son épaule*, et nous salua tous à tour de rôle de ces formules banales, en usage en Egypte. »

Nous sommes en Egypte, ce qui explique les salutations et les formalités indiquées par M. Léon de Laborde.

« Il avait une *physionomie douce et affable, quoique sérieuse*, un regard vif, perçant, je dirai même accablant, et qu'il semblait éviter de fixer, dirigeant ses yeux à droite et à gauche, plutôt que sur la personne à laquelle il parlait ; du reste, *n'ayant rien de ces airs étranges qui dénotent des talents surnaturels* et son métier de magicien. »

Ce portrait, ainsi que les lignes qui suivent, fixent nettement la personnalité physique du magicien.

« Habillé comme les écrivains ou les hommes de loi, *il parlait fort simplement de toutes choses*, et même de sa science, *sans emphase ni mystère*, surtout de ses expériences, qu'il faisait ainsi en public, et qui semblaient à ses yeux plutôt un jeu à côté de ses autres secrets, qu'il ne faisait qu'indiquer dans la conversation. On lui apporta la pipe et le café et *pendant qu'il parlait de son pays, de la guerre dont la France le menaçait,* on fit venir deux enfants sur lesquels il devait opérer. » On s'entretenait déjà de la future expédition contre Alger, ce qui explique les lignes qui précèdent.

Le sorcier fut entouré par les invités de lord Prudhoe : parmi eux possédait-il un ou plusieurs compères ? Au lecteur de décider si l'hypothèse est vraisemblable ; pour nous, nous ne le pensons pas.

« Le spectacle alors commença ; toute la société se rangea en cercle autour de l'Algérien, qui fit asseoir un des enfants près de lui, lui prit la main, et sembla le regarder attentivement. »

Dans de pareilles conditions d'expérience il semble qu'il n'y ait guère de place à la supercherie, tout au moins à la supercherie grossière qui use d'instruments de physique adroitement dissimulés.

« *Cet enfant, fils d'un Européen, était âgé de onze ans.* Quoique habillé à l'européenne, il avait été élevé dans le pays et parlait facilement l'arabe. Achmed, remarquant son inquiétude au moment où il tirait de son écritoire sa plume de jonc, lui dit : *N'aie pas peur, enfant! je vais t'écrire quelques mots dans la main, tu y regarderas et voilà tout !* »

Voici le début du phénomène magique : il faut prêter attention aux plus minutieuses particularités du phénomène! c'est là l'important.

« L'enfant se remit de sa frayeur, et l'Algérien lui traça dans la main UN CARRÉ ENTREMÊLÉ BIZARREMENT DE LETTRES ET DE CHIFFRES, *versa au milieu une encre épaisse,* et lui dit de chercher le reflet de son visage. L'enfant répondit qu'il le voyait. Le magicien demanda *un réchaud,* qui fut apporté sur-le-champ, et déroula *trois petits cornets de papier qui contenaient différents ingrédients* qu'il jeta en proportion calculée sur le feu. »

Ainsi : *carré bizarre* tracé sur la main de l'enfant ; *encre épaisse* versée au milieu, dans laquelle l'enfant se regarde comme dans un miroir ; enfin, un *réchaud* et *trois cornets d'ingrédients* jetés sur le réchaud.

« Il l'engagea de nouveau à chercher dans l'encre le reflet de ses yeux, à regarder bien attentivement, et à l'avertir *dès qu'il verrait paraître un soldat turc balayant une place.* L'enfant baissa la tête, les parfums pétillèrent au milieu des charbons, et le magicien, *d'abord à voix basse, puis l'élevant davantage,* prononça une *kyrielle de mots* dont à peine quelques-uns arrivèrent distinctement à nos oreilles. »

Quel était ce soldat turc balayant une place ? On le verra plus loin. Quelle était cette kyrielle de mots ? on le verra dans l'opuscule du comte de Laborde. Cette partie de son livre a paru trop longue pour être citée utilement ici.

« Le silence était profond ; l'enfant avait les yeux fixés sur sa main, *la fumée s'éleva en larges flocons, répandant une odeur forte et aromatique* ; et Achmed, impassible dans son sérieux, semblait vouloir stimuler de sa voix, *qui de douce devenait saccadée, bruyante,* une apparition trop tardive, quand tout à coup, *jetant sa tête en arrière, poussant des cris, et pleurant amèrement, l'enfant nous dit, à travers les sanglots qui le suffoquaient, qu'il ne voulait plus regarder, qu'il avait vu une figure affreuse; il semblait terrifié !* »

Quel spectacle avait vu l'enfant? Le

comte Léon de Laborde ne le dit point. Tant est-il que le phénomène magique ne put se réaliser par l'intermédiaire de cet enfant européen.

« L'Algérien n'en parut point étonné, et dit simplement : *Cet enfant a eu peur : laissez-le ! en le forçant, on pourrait lui frapper trop vivement l'imagination.* »

On peut tenter plus d'une hypothèse sur cet échec du sorcier. Enfin ! passons.

« On amena *un petit Arabe au service de la maison, et qui n'avait jamais vu ni rencontré le magicien* ; peu intimidé de tout ce qui venait de se passer, il se prêta gaiement aux préparatifs et fixa bientôt ses regards dans le creux de sa main, sur le reflet de sa figure, *qu'on apercevait même de côté, vacillant dans l'encre.* »

Comme mise en scène, rien de plus simple que ce petit enfant arabe avec le carré magique et l'encre versée dans sa main.

« Les parfums recommencèrent à s'élever en fumée épaisse, et les prières, en forme d'un chant monotone, se renforçant et diminuant par intervalle, semblaient devoir soutenir son attention. *Le voilà !* s'écria-t-il, et nous remarquâmes tous *l'émotion soudaine et plus vive* avec laquelle il porta ses regards sur le centre des signes magiques ».

Comment l'enfant pouvait-il apercevoir le soldat annoncé ? Comment cette goutte d'encre devenait-elle un trou lumineux ouvert sur un monde invisible aux assistants ? C'est en cela que consiste la magie.

« *Comment est-il habillé ?* — Il a une veste rouge, brodée d'or, un turban alepin et des pistolets à la ceinture. — *Que fait-il ?* — Il balaye une place devant une grande tente si riche, si belle ! Elle est rayée de rouge et de vert, avec des boules d'or en haut. — *Regardez qui vient à présent ?* — C'est le sultan, suivi de tout son monde. Oh ! que c'est beau ! »

Pour un beau spectacle dans une goutte d'encre, voilà, certes, un beau spectacle ! plus d'un lecteur trouvera le spectacle trop beau pour le prendre au sérieux.

« Et l'enfant *regardait à droite et à gauche, comme dans les verres d'un optique* dont on cherche à étendre l'espace, et avec tout l'intérêt qu'avait pour lui ce spectacle, qu'il semblait faire passer dans la vivante et naïve exactitude de ses réponses ».

Quelle est la portée de l'hallucination ainsi produite sur l'enfant ? Il est malaisé de la saisir, tout au moins pour le moment ; aucune vérification, aucune coïncidence avec la réalité ne précise l'intérêt de cette hallucination.

« *Comment est son cheval ?* — Blanc, avec des plumes sur la tête. — *Et le sultan ?* Il a une barbe noire, un benisch vert ».

Quelle valeur scientifique attribuer à ces deux réponses ? Absolument aucune au point de vue divinatoire ; quant à l'effet sur des curieux faciles à intéresser, il peut avoir été très grand.

« Venait ensuite une longue description du cortège, avec des détails circonstanciés, des particularités inaperçues, enfin, toute une précision apparente *qui ne pouvait laisser aucun doute,* que le spectacle qu'il racontait était réellement là sous ses yeux ».

Ce que M. Léon de Laborde affirme est, sans doute, fort exact. Toutefois, si le spectateur n'avait aucun doute sur la véracité de l'enfant, le lecteur ne peut être obligé à autant de foi. Il y a là une hallucination de l'enfant, extraordinaire sans doute, mais rien d'une hallucination véridique, telle que la science actuelle l'exige.

« En définitive, le sultan s'était assis dans sa tente, on lui avait apporté la pipe, tout le monde était à l'entour. »

Cela est charmant dans une soirée où chacun cherche à être agréablement distrait ; comme observation scientifique, c'est très léger, c'est de la magie à l'usage des gens du monde et des artistes.

« *Maintenant, messieurs!* dit l'Algérien tranquillement, *nommez les personnes que vous désirez faire paraître, ayez soin seulement de bien articuler les noms, afin qu'il ne puisse y avoir d'erreur.* »

La comparution sera intéressante, si elle est menée scientifiquement. L'évocation d'absents ou de morts est un phénomène tout à fait transcendant. Malheureusement, ainsi que l'on va le voir, ni lord Prudhoe, ni son compagnon, le major Félix, n'étaient des émules de Crookes !

« Nous nous regardâmes tous, et comme toujours, dans ces moments, personne ne retrouva un nom dans sa mémoire. « Shakspeare! » dit enfin le compagnon de voyage de lord Prudhoe, le major Félix. *Ordonnez au soldat d'amener Shakspeare!* dit l'Algérien. *Amène Shakspeare!* cria le petit d'une voix de maître. *Le voilà!*

ajouta-t-il, après le temps nécessaire pour écouter quelques-unes des formules inintelligibles du sorcier. »

L'auditoire va voir Shakspeare, ou du moins l'auditoire va voir un enfant qui va voir Shakspeare, ce qui est un degré de moins. Attention ! Shakspeare va se montrer !

« Notre étonnement serait difficile à décrire, aussi bien que la fixité de notre attention aux réponses de l'enfant. »

Les gens de science que satisfera l'interrogatoire de l'enfant ne seront pas difficiles : on est, aujourd'hui, beaucoup plus exigeant quand il s'agit d'un questionnaire de ce genre ; ici, chaque question est assez facile à prévoir, tant elle est banale.

« *Comment est-il ?* Il porte un bénisch noir, il est tout habillé de noir, il a une barbe. *Est-ce lui ?* nous demanda le magicien d'un air fort naturel. Vous pouvez, d'ailleurs, vous informer de son pays, de son âge. — *Eh bien ! où est-il né ?* dis-je. — Dans un pays tout entouré d'eau. »

Bien naïf qui partagerait l'enthousiasme de M. de Laborde, pour cette réponse de l'enfant. Certes, rien ne s'oppose à ce que l'enfant ait entendu la réponse de Shakspeare au soldat lui demandant le lieu de sa naissance ; mais apprendre à l'assistance que Shakspeare est né en Angleterre, n'est vraiment pas une découverte notable pour des gens qui le savent depuis quelque temps.

« Cette réponse nous étonna encore davantage. *Faites venir Cradoch !* ajouta lord Prudhoe, avec cette impatience d'un homme qui craint de se fier trop facilement à une supercherie. Le Caouas l'amena. — *Comment est-il habillé ?* Il a un habit rouge, sur la tête un grand tarbousch noir, et quelles drôles de bottes ! Je n'en ai jamais vu de pareilles ; elles sont noires et lui viennent par-dessus les jambes. »

Je ne sais qui était Cradoch : ce qui intéresserait le lecteur, c'est une question subsidiaire : le sorcier pouvait-il savoir qui était Cradoch ? Tout à l'heure, pouvait-il savoir qui était Shakspeare ? A deviner quelque chose que l'on sait déjà, le mérite divinatoire est médiocre.

« Toutes ces réponses, dont on retrouvait la vérité sous un embarras naturel d'expressions *qu'il aurait été impossible de feindre*, étaient d'autant plus extraordinaires, qu'elles indiquaient d'une manière évidente que l'enfant avait sous les yeux des choses entièrement neuves pour lui ».

Il est facile de feindre; il est facile d'être dupe; un analyste souhaiterait l'évocation de personnages moins connus que Shakspeare ou moins égyptiens que Cradoch; peut-être alors partagerait-il l'étonnement de lord Prudhoe et de M. de Laborde!

« Ainsi Shakspeare, avec le petit manteau noir de l'époque, qu'il appelait benisch, et tout le costume de couleur noire qui ne pouvait se rapporter qu'à un Européen, puisque le noir ne se porte pas en Orient, et en y ajoutant une barbe que les Européens ne portent pas avec le costume franc, étaient certainement une nouveauté aux yeux de l'enfant. »

Cela peut se soutenir : il y a en effet opposition marquée entre le portrait d'un Européen et celui que l'enfant voyait habituellement aux gens de la maison. Cependant, comment affirmer que dans le propre salon de lord Prudhoe, un portrait de Shakspeare, une gravure, un livre avec images ne représentait pas le personnage évoqué?

« Le lieu de sa naissance, expliqué par un pays tout entouré d'eau, est à lui seul surprenant. Quant à l'apparition de M. Cradoch, qui était alors en mission diplomatique près du pacha, elle est encore plus singulière, car le grand tarbousch noir, qui est le chapeau militaire à trois cornes, et ces bottes noires qui se portent par-dessus les culottes, étaient des choses que l'enfant avouait n'avoir jamais vues auparavant, et pourtant elles lui apparaissaient. »

Il y a un brin de vérité dans les remarques de M. de Laborde. Il y a une grosse part de naïveté, au point de vue scientifique, qui domine les obervations actuelles. Il ne faut pas adopter à la lettre l'enthousiasme de témoins d'expériences menées par des gens aussi peu susceptibles d'une observation sévère.

« Nous fîmes encore paraître plusieurs personnes, et chaque réponse, *au milieu de son irrégularité*, nous laissait toujours une profonde impression. Enfin, le magicien nous avertit que l'enfant se fatiguait ; *il lui releva la tête en lui appliquant ses pouces sur les yeux, en prononçant des prières,* puis il le laissa. »

Si vif que soit l'étonnement produit par de pareilles évocations ; si parfaite que paraisse la sincérité des témoins ! quelle que soit la présomption de réalité des apparitions de l'enfant ! Cela prouve peu de chose. C'est, à proprement parler, une émouvante hallucination et rien de plus.

Le comte Léon de Laborde poursuit ainsi le récit du phénomène :

« *L'enfant était comme ivre*, ses yeux n'avaient point une direction fixe, *son front était couvert de sueur*, tout son être semblait violemment attaqué. Cependant il se remit peu à peu, devint gai, content de ce qu'il avait vu ; il se plaisait à le raconter, à en rappeler toutes les circonstances, et y ajoutait des détails, comme à un évènement qui se serait réellement passé sous ses yeux. »

Entre ce phénomène et les légendaires exhibitions hypnotiques de M. Charcot, il y a une différence notable. Le sujet conserve le souvenir des hallucinations subies par lui pendant la crise hallucinatoire. Il y a là quelque chose de tout à fait caractéristique.

« Mon étonnement avait surpassé mon attente, mais j'y joignais une appréhension plus grande encore. JE CRAIGNAIS UNE MYSTIFICATION et je résolus d'examiner par moi-même ce qui, dans ces apparitions en apparence si réelles et certainement *si faciles à obtenir*, appartenait au métier du charlatan et ce qui pouvait résulter d'une influence magnétique quelconque. »

On peut partager l'impression du comte de Laborde : le lecteur aussi peut craindre une mystification. Ecoutons la suite du récit.

« Je me retirai dans le fond de la chambre, et *j'appelai Bellier mon drogman*. Je lui dis de prendre à part Achmed, et de lui demander si, pour une somme d'argent, qu'il fixerait, *il voulait me dévoiler son secret*; à la condition, bien entendu, que je m'engagerais à le tenir caché de son vivant. »

La préoccupation du comte de Laborde est fort naturelle. Un jeune homme de vingt ans, poussé par la curiosité, animé de l'amour du merveilleux, peut être amené à pareil marché avec un sorcier.

« Le spectacle terminé, Achmed, tout en fumant, s'était mis à causer avec quelques-uns des spectateurs, encore tout surpris de son magique talent ; puis, après le café, il partit. Chacun se retira. J'étais à peine seul avec Bellier, que je m'informai avec empressement de la réponse qu'il avait obtenue. *Achmed lui avait dit qu'il consentait à m'apprendre son secret, que je n'avais qu'à venir le lendemain chez lui, et que nous fixerions ensemble les conditions.* »

Comment se réalisa le désir du jeune homme? Nous allons l'apprendre. Le comte de Laborde donne, à ce sujet, d'assez longs détails.

« Le lendemain, d'assez bon matin, vêtu en simple soldat ou Caouas, ainsi que Bellier, et tous deux montés sur des ânes que nous avions pris dans un quartier turc, *nous arrivâmes à la grande mosquée El Ahzar*, près de laquelle demeurait Achmed l'Algérien. »

Ces diverses particularités sont pour donner au récit les caractères d'authenticité qui le distinguent d'un conte fait à plaisir.

« Malgré les nombreuses indications que nous recevions à nos demandes réitérées, nous parvînmes à peine à nous reconnaître au milieu de ce dédale de boutiques et de ruelles encombrées de dévots, de mendiants et d'aveugles. *Enfin, nous entrâmes dans l'impasse au fond de laquelle était la maison de notre homme, je tirai le cordon, et, après un instant d'attente, la porte s'ouvrit à moitié.* »

Les traits particuliers de cette narration sont utiles ; ils montrent comment se réalisa la partie la plus difficile à admettre, l'initiation d'un profane à un secret aussi extraordinaire que celui dont le comte de Laborde a raconté les effets.

« Une femme, qui était occupée à laver, nous dit, en se cachant de son voile la moitié de la figure, qu'Achmed avait été appelé ailleurs, et qu'il nous attendrait le lendemain. »

Ces retards donnent au récit la couleur locale que l'on aime à trouver dans les histoires de ce genre ; aussi ne faut-il pas se plaindre du surcroît de crédit réclamé de l'attention du lecteur, pour arriver au fait.

« Nous fûmes exacts au rendez-vous ; nous congédiâmes nos âniers et *nous montâmes, par un escalier rapide, à un second bien aéré*, simplement orné, mais muni d'assez bons divans et de tapis encore neufs. »

Nous voici chez Achmed : là encore les détails prouvent que le lecteur n'est pas dupe d'un conte imaginé à plaisir par un mystificateur ingénieux.

« Achmed nous reçut poliment et avec une gaieté affable ; *un enfant fort gentil jouait près de lui, c'était son fils* ; peu d'instants après, *un petit noir d'une bizarre tournure nous apporta les pipes.* Au reste, tout cet intérieur respirait la tranquillité, l'aisance et le bien-être. »

La tranquillité patriarcale de l'intérieur du sorcier n'est pas le moindre attrait du récit. Les sorciers ont généralement d'autres habitudes ; on les représente avec un autre aspect.

« Il ne fut question que de choses indifférentes tant qu'on n'eut pas apporté le café ; après l'avoir bu, la conversation s'engagea sur les occupations, l'art du maître de la maison. *Il nous raconta qu'il tenait sa science de deux Cheicks célèbres de son pays*, et ajouta qu'il ne nous avait montré que *bien peu de ce qu'il pouvait faire.* »

Cette conversation est seulement résumée par le narrateur ; c'est dommage. Les détails de cette conversation auraient été très intéressants au point de vue scientifique ; le plus ingénieux des résumés est pâle à côté de la réalité.

« Et alors, au milieu d'une longue nomenclature de secrets et d'effets extraordinaires opérés par de *petits papiers écrits* et les *recettes les plus saugrenues*, j'en remarquai plusieurs qui se rattachaient à des *connaissances de physique* que je n'aurais pas soupçonnées en Egypte, et d'autres qui, à n'en point douter, étaient produits par le *pouvoir d'un magnétisme violent.* »

Le comte de Laborde juge que la science du sorcier se rattache à des pratiques magnétiques. Le lecteur n'a pas le moyen de contrôler l'exactitude de ce dire, n'ayant pas les détails de la conversation sous les yeux. Ce qui suit est précis et intéressant.

« *Je puis, en outre*, disait-il, ENDORMIR QUELQU'UN SUR-LE-CHAMP, *le faire tomber, rouler, entrer en rage et, au milieu de ses accès, le forcer de répondre à mes demandes et de* ME DÉVOILER TOUS SES SECRETS. Quand je veux aussi, je fais asseoir la personne sur un tabouret isolé, et tournant autour avec des gestes particuliers, *je l'endors immédiatement*; MAIS ELLE RESTE LES YEUX OUVERTS, parle et gesticule comme éveillée. »

Si le pouvoir du sorcier est conforme à

son dire, ce qui est d'ailleurs douteux, ce pouvoir est singulièrement au-dessus des fariboles des hypnotiseurs les plus choyés par nos académies.

« En me disant cela, il exécuta des gestes de manière à ce que je pusse remarquer que c'étaient les mêmes *mouvements de rotation et d'attraction* qui sont employés par nos magnétiseurs. Il obtenait, disait-il, par ce moyen, les résultats les plus étonnants. »

Le comte de Laborde indique quelles circonstances s'opposèrent à ses recherches sur les faits singuliers auxquels faisait allusion le magicien. Il faut se contenter des raisons sommairement indiquées par M. de Laborde. Plus loin, après avoir examiné les pages les plus intéressantes de la brochure, nous ferons là-dessus quelques observations et nous formulerons des réserves.

« *Il eût fallu le voir opérer*, s'assurer des sujets avec lesquels il se mettait en rapport ; j'en avais l'intention, et il eût été intéressant de suivre attentivement les connaissances si variées de cet homme ; mais sa *mort subite m'en empêcha.* »

Cette mort subite fut importune. Le

plus fâcheux, nous le verrons plus loin, c'est que ce fait même de la mort subite se trouva inexact. N'anticipons pas sur le récit du comte de Laborde. Ce récit est parfaitement sincère. Son auteur l'a affirmé maintes fois. Continuons :

« Au reste, dans ce jour, *il n'était question que de me confier le secret de l'apparition dans le creux de la main.* Nous réglâmes nos conventions ; il demanda quarante piastres d'Espagne et le *serment sur le Koran de ne révéler ce secret à personne* ; la somme fut réduite à trente piastres ; et le serment fait ou plutôt chanté, il fit monter son petit garçon et prépara, *pendant que nous fumions, tous les ingrédients nécessaires à son opération.* »

Ce serment sur le Koran ; la somme de trente piastres qui équivaut, si nous ne nous trompons, à une vingtaine de francs : cela donne la mesure de l'importance attribuée par le sorcier algérien au pouvoir qu'il communiquait à son jeune interlocuteur. A ce propos, remarquons combien il est difficile de s'entendre. S'il s'agit en effet de la piastre d'Espagne qui vaut cinq francs quarante centimes, on trouve un chiffre huit fois plus élevé que celui qui a été indiqué plus haut.

« Après avoir coupé dans un grand rouleau un petit morceau de papier, il traça dessus les signes à dessiner dans la main et les lettres qui y ont rapport ; puis, après un moment d'hésitation, il me le donna. »

Le dessin à tracer dans la main de l'enfant constitue la principale originalité de cet appareil magique. Nous reproduisons ci-contre le carré magique à dessiner dans la main de l'enfant.

« En voici la copie exacte. (J'ai publié dans la *Revue des Deux-Mondes* le dessin tel que me le donna l'Algérien, je joins ici celui qu'on trouve dans l'ouvrage récent de M. William Lane ; *il est*, QUOIQUE PLUS GRAND, *exactement le même*.) »

L'Algérien opéra sur son enfant devant moi. Ce petit garçon en avait une telle habitude, que les apparitions se succédaient sans difficulté. Il nous raconta des choses fort extraordinaires, et dans lesquelles on remarquait une originalité qui ôtait toute crainte de supercherie. »

Cette originalité qui ôtait au témoin *toute crainte de supercherie* est par son essence même une chose qui échappe au lecteur,

Main gauche

LES QUATRE DOIGTS

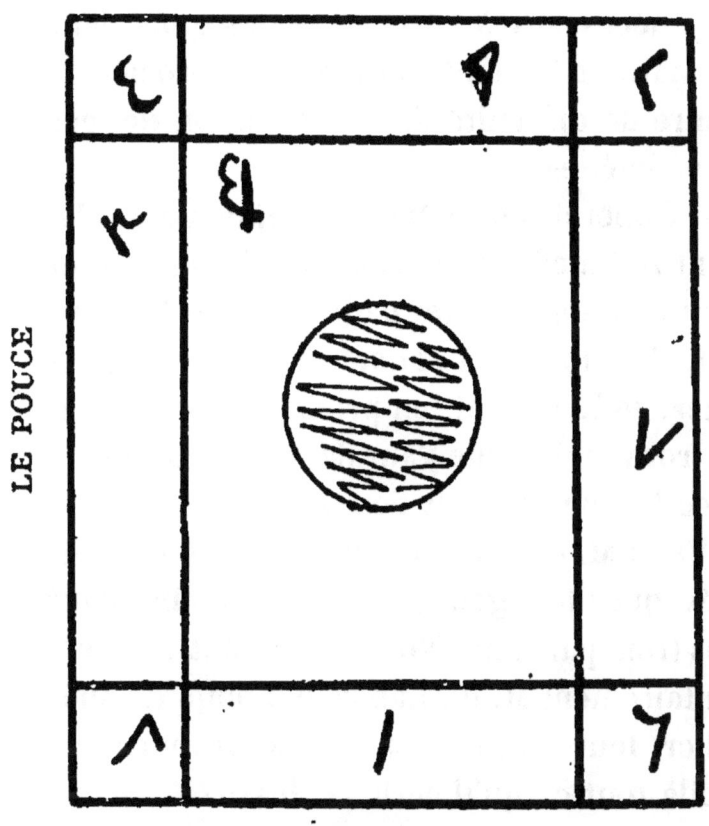

LE BRAS

obligé d'accepter les yeux fermés l'impression du témoin. Est-il rien de plus fugitif et de plus trompeur qu'une impression?

« Je me retirai avec promesse de revenir le lendemain, *sachant de mémoire les prières et les signes à tracer*. Je fus donc toute la soirée occupé à me balancer sur mon divan, pour atteindre, autant que possible, le ton de voix et la mesure cadencée. »

La durée de cette répétition du cérémonial nécessaire à l'évocation des gens dans la main de l'enfant permet d'apprécier le genre de difficulté de la réalisation de ces phénomènes.

« J'opérai moi-même, le lendemain, devant Achmed avec beaucoup de succès, et toute *l'émotion que peut donner le pouvoir étrange qu'il venait de me communiquer.* Je le quittai, en promettant de venir le trouver dès que j'aurais mis en usage la recette qu'il m'avait donnée. »

Voici M. de Laborde investi du pouvoir d'évoquer les gens ; il s'agit maintenant des trois parfums. Volontairement ou involontairement M. de Laborde a omis de spécifier leur nature et leurs proportions. Voilà tout ce qu'il écrit là-dessus.

« Pour retourner chez moi, *je pris par différentes rues qui me menèrent au marché des esclaves, où j'achetai les trois parfums dont j'avais besoin.* Il y avait peu de jours que j'étais maître de mon secret, lorsque des nouvelles fâcheuses m'appelèrent à Alexandrie. *Je fis arrêter une petite cange, aussi légère que possible,* afin de pouvoir passer par le Mahmoudiéh et arriver jusqu'aux murs de la ville. »

Cette circonstance inopinée donne à la suite du récit un intérêt particulier, au point de vue de l'identité des enfants servant à réaliser les phénomènes, et au point de vue de la familiarité qu'une coïncidence fortuite aurait pu créer entre eux et Achmed. La probabilité de cette familiarité en devient beaucoup plus faible.

Déjà, *sur le bateau, je fis deux expériences qui réussirent complètement* à la grande admiration de mes matelots. »

M. de Laborde n'a pas transcrit de plus longs détails sur ces deux expériences ; force est de s'en tenir à ce qui précède.

« A Alexandrie, je m'en occupai avec plus de suite, *pensant bien qu'à cette distance, je ne pourrais avoir de doute sur l'absence d'intelligence entre le magicien et les enfants que j'employais*, et pour en être encore plus sûr, je les allais chercher dans les quartiers les plus reculés ou sur les routes, au moment où ils arrivaient de la campagne. »

Cette fois l'expérience se présente dans des conditions un peu plus scientifiques que dans les précédents phénomènes. Le défaut du récit de l'expérimentateur, c'est que son impression personnelle remplace tous les détails, toutes les circonstances qui l'ont motivée.

« *J'obtins des révélations surprenantes qui, toutes, avaient un caractère d'originalité encore plus extraordinaire que l'eût été celui d'une vérité abstraite.* Une fois, entre autres, je fis apparaitre lord Prudhoe qui était au Caire, et l'enfant, dans la description de son costume qu'il suivit fort exactement, se mit à dire : *Tiens ! c'est fort drôle ! Il a un sabre d'argent.* Or, lord Prudhoe était peut-être le seul, en Égypte, qui portât un sabre avec fourreau de ce métal. »

La particularité du sabre d'argent est curieuse. Encore n'est-il pas impossible que cette particularité ait été remarquée à Alexandrie, de plus d'un spectateur, dans les circonstances solennelles où lord Prudhoe y avait paru.

« *De retour au Caire, je sus qu'on parlait déjà de ma science, et un matin, à mon grand étonnement, les domestiques de M. Msarra, drogman du Consulat de France, vinrent chez moi pour me prier de leur faire trouver un manteau qui avait été volé à l'un d'eux.* »

Voilà le trait capital du récit. L'auteur du vol du manteau est à retrouver. Comment va se dénouer cette épreuve ?

« Cette confiance en mon pouvoir, que j'étais loin encore d'avoir moi-même, m'égaya fort ; mais *je résistai à l'envie de rire* et leur dis très-sérieusement d'amener un enfant, le premier venu. »

Le défaut du *premier venu*, c'est que le premier venu pouvait être un enfant connaissant le volé ou le voleur. Certes, la coïncidence serait bizarre, mais il y a tant de coïncidences bizarres qu'il faut bien réserver la possibilité de cette coïncidence.

« *Je ne commençai cette opération qu'avec une certaine crainte* ; la confiance qu'on avait dans mes talents semblait me faire une obligation de ne pas la démentir ; l'amour-propre s'en mêlait un peu, et j'étais sans doute aussi *inquiet des réponses de l'enfant* que les Arabes qui en attendaient le recouvrement de leur bien. »

Au point de vue des conditions scientifiques, pareil phénomène est loin de la probabilité énorme des sages expériences de Crookes ! Telle qu'elle est, cette probabilité mérite pourtant d'être examinée.

« *Pour comble de malheur, le caouas ne voulait pas paraître*, malgré force parfums que je précipitais dans le feu et les violentes aspirations de mes invocations aux génies les plus favorables ; enfin il arriva et, après les préliminaires nécessaires, NOUS ÉVOQUAMES LE VOLEUR. Il parut. Il fallait voir les têtes tendues, les bouches ouvertes, les yeux fixes de mes spectateurs attendant la réponse de l'oracle, qui, en effet, nous donna la *description de sa figure*, de son turban, *de sa barbe*, à ne pas douter qu'il fût là devant lui. »

Que conclure de cette divination de l'enfant ? Fort peu de chose ! au point de vue scientifique. Beaucoup ! au point de vue sentimental. Au reste, les consultants jugèrent au point de vue sentimental, ainsi que font généralement les hommes et comme le montre la suite du récit de M. Léon de Laborde.

« *C'est Ibrahim ! oui, c'est lui ! bien sûr !* s'écria-t-on de tous côtés, et je vis que je n'avais plus qu'à appuyer mes pouces sur les yeux de mon patient, car ils m'avaient tous quitté pour courir après Ibrahim. »

Il est fort heureux pour M. de Laborde

qu'il ne se fût pas agi de la tête d'Ibrahim. Tout en souhaitant qu'Ibrahim ait été coupable, pareille évocation est de nature à désobliger l'individu qui en est l'objet.

« *Je souhaite qu'il ait été coupable !* car j'ai entendu vaguement parler de quelques *coups de bâton* qu'il reçut à cette occasion. Je n'ai pu examiner l'affaire qui *se passa à Gyséh*, où le manteau avait été perdu. »

L'appétit vient en mangeant. L'aventure d'Ibrahim poussa le jeune Léon de Laborde à solliciter du sorcier des pouvoirs encore plus étendus.

« Fort de mes succès, j'allai chez Achmed pour obtenir d'autres secrets. Mais sa *porte était fermée* ; et j'appris *dans le café voisin, où je m'arrêtai pour fumer un nargilé*, une bien triste histoire. »

On entend des nouvelles fort instructives dans les cafés turcs ; on y apprend aussi des nouvelles inexactes, tout comme dans les cafés français.

« Un turc assez considérable et fort âgé avait épousé une très jeune femme, et voulant remplir tous les devoirs de sa nouvelle position, s'adressa à l'Algérien, qui lui écrivit sur un petit papier, qu'il devait placer sous son oreiller, des prières conformes à la circonstance. »

Quoi qu'il en soit de l'exactitude de cette dernière histoire, voici son épilogue, ou du moins la conclusion telle qu'elle fut contée en 1827 au comte Léon de Laborde, telle aussi que ce dernier crut pouvoir l'admettre à cette époque et jusqu'en 1833.

« On attribuait à la puissance magique de ce papier la mort subite de ce musulman ; mais *d'autres détails m'apprirent un effet plus naturel*. Achmed, comptant peu lui-même sur l'efficacité de ses prières, y avait joint un *aphrodisiaque tellement fort*, que le turc fut trouvé le lendemain matin mort à côté de sa nouvelle épouse. Achmed, que le papier écrit de sa main dénonça à la justice, *fut arrêté et eut la tête tranchée*. »

Comme le montreront des citations suivantes de la brochure du comte de Laborde, Achmed n'avait pas eu la tête tranchée. Mais, en 1833, l'auteur des Recherches sur la Magie Egyptienne croyait qu'il en avait été ainsi, car il écrivait :

« C'est à cette fin malheureuse que vous devez cette révélation ; et je terminerai ce récit merveilleux par les paroles de Sterne : *I leave it to you, men of Words, to svell pages about it.* »

A ce récit publié par lui en 1833, le comte de Laborde a joint dans la brochure de 1841 un certain nombre d'observations. Nous allons en reproduire plusieurs. Les remarques de M. de Laborde ne manquent pas d'intérêt. Elles rectifient sur divers points la narration qui précède. Toutefois, ainsi que nous y reviendrons plus loin, il y manque une explication que nous avons vainement cherchée dans les divers ouvrages de M. Léon de Laborde. Pour quel motif le jeune magicien de 1827 a-t-il renoncé à un art divinatoire pour lequel il s'était trouvé de si merveilleuses aptitudes ?

« En 1837, M. W. Lane, dans son excellent ouvrage sur les mœurs des Egyptiens, répéta les faits mentionnés ci-dessus, *sans y ajouter rien d'essentiel*, si ce n'est qu'il en confirma l'exactitude. »

Je n'ai pas eu sous les yeux l'ouvrage de W. Lane, je ne puis contrôler l'appréciation précédente de M. de Laborde. Je ne doute pas de son exactitude. Toutefois M. Lane rétablit ainsi l'état-civil du sorcier algérien et jusqu'à son nom.

« On voit dans son récit que le magicien se nomme *Cheick-Abd-el-Kader-el-Mougrebi* et que ce singulier personnage *vit encore au Caire*. J'AVAIS ÉTÉ TROMPÉ LORSQUE J'APPRIS SA MORT. »

Le récit de M. W. Lane serait intéressant à comparer à celui de M. Léon de Laborde. Il ne m'a pas été possible de le faire. M. Léon de Laborde explique de la manière suivante l'erreur relative à Achmed. Il faut reconnaître que cette explication est assez plausible, tout en constatant que la situation de M. Léon de Laborde en Egypte, avec des amis comme lord Prudhoë, aurait pu lui procurer l'occasion facile de vérifier exactement le sort d'Achmed, lorsque, dans un café turc, il avait appris le bruit de sa décollation. Il est vrai que M. de Laborde avait vingt ans ! A vingt ans, on est étourdi.

« J'ai su en effet depuis, qu'*il n'avait été qu'exilé pour le fait que j'ai rapporté* et cet exil, cause assez fréquente de beaucoup de morts mystérieuses, avait fait courir le bruit de son exécution. »

Quoi qu'il en soit, Achmed vivait encore en 1837, c'est-à-dire dix années après les évènements rapportés par M. de Laborde.

Il résulte même de la date de la brochure qu'en 1841, Achmed ou plutôt Cheick-Abd-el-Kader-el-Mougrébi était présumé vivant par M. de Laborde. Sur la vie de cet Achmed existe-t-il d'autres documents que le livre précité de M. W. Lane ? Je ne sais. Mes recherches ne m'ont rien appris. Ce qui parait certain, c'est que le récit de M. W. Lane venant après celui du comte de Laborde avait produit vers 1840 une assez vive sensation.

« En rendant compte de l'ouvrage de M. William Lane, un des rédacteurs du *Quarterly Review* cherche à expliquer au moyen de certains *miroirs convexes* et de *compères habiles* tout le mystère de ces singulières apparitions. »

Je n'ai pu me procurer le numéro du *Quarterly Review* qui contient cet article : je ne puis donc en discuter les hypothèses en connaissance de cause. Certes il semble fort difficile d'imaginer que des miroirs et des compères puissent induire un enfant à voir dans une goutte d'encre une succession de phénomènes aussi variés et aussi complexes que ceux qu'a racontés M. Léon de Laborde. Pourtant, il ne faut jurer de rien ; aussi convient-il de juger avec réserve ces tentatives d'explications.

Le comte de Laborde invoque contre ces hypothèses le témoignage de lord Prudhoë.

« Lord Prudhoe, l'un des hommes dont j'estime le plus *la haute raison et la rectitude de jugement* avait été présent, comme je l'ai dit, à la première expérience que le magicien algérien fit devant moi. *Il écrivit à M. Murray pour confirmer l'exactitude de mon rapport* et pour repousser toute idée de supercherie d'un côté et de mystification de l'autre. »

Le témoignage de lord Prudhoe, auquel fait allusion la citation précédente, donne beaucoup de poids au dire du jeune auteur des *Recherches sur la Magie Egyptienne*. La lettre à M. Murray confirmant l'exactitude du récit du comte de Laborde est un document intéressant à cet égard. Il est regrettable, pour la régularité de l'examen de ces phénomènes, que les termes mêmes de cette lettre n'aient pas été reproduits par M. de Laborde. Il est vrai qu'en 1841, ce document avait probablement une certaine notoriété : aujourd'hui il serait, au contraire, fort difficile de remettre la main sur cette lettre.

Quoi qu'il en soit, un point paraît hors de doute, la sincérité de M. Léon de Laborde et la conviction de lord Prudhoe que l'enfant était sincère en contant les phénomènes successifs de son hallucination. Il n'y avait ni supercherie, ni mystification de la part du sorcier. Du moins, telle était la conviction de lord Prudhoe.

Mais alors, comment expliquer l'apparition devant les yeux de l'enfant d'une physionomie, d'un costume, d'un sabre, de bottes se rapportant exactement à la physionomie, au costume, au sabre, aux bottes, d'un personnage déterminé, à lord Prudhoe, à Cradoch, à Shakspeare, à Ibrahim? L'embarras est sérieux pour satisfaire à cette question. C'est précisément l'énormité de cet embarras qui oblige la critique de ces phénomènes à être particulièrement sévère, sous peine de manquer de justesse. Car, comment répondre à la question de tout à l'heure, sinon par une contradiction formelle aux doctrines qui ont cours dans les collèges et dans les académies? Voici, du reste, la réponse de M. Léon de Laborde : c'est un aveu d'ignorance :

« J'ai rapporté le fait, mais *je n'explique*

rien, car, même après avoir produit moi-même ces effets surprenants, *je ne me rends pas compte des résultats que j'ai obtenus* ; j'établis seulement de la manière la plus positive et J'AFFIRME QUE TOUT CE QUE J'AI DIT EST VRAI. »

Cette déclaration du comte de Laborde a le cachet de la sincérité. Nettement, le narrateur déclare qu'il ne comprend rien à la cause des phénomènes qu'il a produits ; il n'essaye pas, comme le dindon de la fable, de glousser :

> *Je vois bien quelque chose.*
> *Mais je ne sais pour quelle cause...*

Le comte de Laborde ne voit rien ; il ne devine aucune explication ; il a raison d'ailleurs, de confesser simplement son ignorance sur ce sujet, car, en admettant en 1890 la vérité des phénomènes qu'il a rapportés, l'on ne trouve aucune explication plausible de ces phénomènes. On ne peut que refuser à ces faits le caractère scientifique et passer outre à l'explication de phénomènes qui ne méritent pas l'examen. Inutile, d'ailleurs, de faire remarquer que ce n'est pas là une réponse digne des faits rapportés fidèlement par le témoin qui les a suivis, qui les a produits, qui les a fait confirmer par une lettre de lord Prudhoe, qui a trouvé enfin dans l'ouvrage de W. Lane la répétition de son propre témoignage. Il était nécessaire de rapprocher les recherches de M. de Laborde des expériences de Crookes et des phénomènes de vexation dont fut victime le curé d'Ars. Les trois ordres de faits sont absolument divers ; ils visent des pouvoirs inexplicables par les méthodes scientifiques actuelles. Cependant, il y a dans n'importe lequel de ces trois ordres de faits des présomptions de certitude qui justifient un examen complet de leurs particularités, une analyse minutieuse des conditions où ils se sont produits.

« Après cette déclaration, je devrais passer sous silence un article de M. Pavie qui tranche du scepticisme, à propos de faits qu'il semble n'avoir pas connus avant son retour en Europe et que, certainement, il n'a point examinés avec assez d'attention et de suite pendant son séjour en Orient. »

Le comte de Laborde a été piqué par la critique des phénomènes magiques essayée par M. Pavie. C'est, sans doute, à son irritation qu'est due la publication de la bro-

chure de 1841. Un futur académicien n'aime
guère à être ridicule quand il a écrit un bel
article dans la *Revue des Deux-Mondes* ; il
se refuse à passer aux yeux du public
pour un naïf ou un sot.

« Mais, pour être impartial, je dois reproduire l'explication singulière qu'il a imaginé d'en donner et qui a seulement pour inconvénient de nous supposer *par trop naïf* dans notre rôle de spectateur et *par trop charlatan* dans nos expériences. »
Voici l'article de M. Pavie auquel fait allusion la brochure de M. de Laborde. Il fut publié par la *Revue des Deux-Mondes* dans la livraison d'août 1840. Le point le plus intéressant est à la page 465 :

« Le grand art du HARVI (magicien) c'est de *savoir se faire entendre de l'enfant*, sans que personne de l'assemblée puisse distinguer un seul mot de ce qu'il dit, tandis qu'il semble murmurer des paroles mystérieuses. D'abord, il effraye le compère improvisé, *le menace de lui montrer le diable*, lui dicte les réponses que parfois celui-ci entend de travers ; et, pour le forcer à parler, *de son orteil il lui presse le pied d'une façon horrible*, manœuvre dissimulée aux yeux du public par la longue robe dont s'enveloppe le sorcier. S'il devine juste, la gloire de la réussite lui revient de droit ; s'il se trompe, on s'en prend à l'enfant. »

Certains sorciers ont pu opérer de la sorte. Il y a cependant une erreur évidente de raisonnement à confondre le cas de M. de Laborde avec le cas de ces sorciers. De ce qu'un sorcier est un grossier mystificateur, il ne s'ensuit pas qu'un sorcier amateur, comme M. de Laborde, soit aussi un grossier mystificateur. Là-dessus, il ne saurait y avoir de doute : l'argumentation de M. Pavie est téméraire, comme les trois quarts des argumentations des critiques qui exhibent leurs impressions saugrenues aux lecteurs bénévoles de la *Revue des Deux-Mondes.*

Le comte Léon de Laborde complète ses observations personnelles relativement à la *Magie Egyptienne,* par diverses considérations relatives aux psylles : « Dans l'Inde et l'Egypte, *les psylles ont conservé toute leur habileté.* Les uns, dans un but d'utilité publique, proposent leurs services, en proclamant leur science dans les rues *comme le font en Europe les destructeurs de rats et de punaises.* » Naturellement, le voyageur en Egypte a vu lui-même ce dont il parle. « *Si l'on a chez soi des serpents, moyennant une faible rétribution, ils les appellent, les prennent, les cachent dans leur sein et en délivrent la demeure qui en est infestée.* » Cette recherche des serpents peut s'expliquer de maintes manières ; il est juste de constater l'obscurité et l'incertitude de ces explications, quand il s'agit de phénomènes aussi rares et aussi singuliers.

« *Si l'on n'a que des craintes vagues* sur leur présence dans une maison, parce que des fruits ont été enlevés ou qu'un gâteau a été attaqué, on appelle les psylles et *s'il s'y trouve réellement des animaux malfaisants, ils les découvrent* et savent à quel étage et dans quelle chambre les rencontrer. »

Le comte de Laborde fait ensuite mention des charmeurs de serpents dont parle plus d'un voyageur dans l'Algérie de 1890, comme d'un spectacle courant.

« Les autres ont consacré leurs talents aux *amateurs des spectacles nouveaux.* Ceux-là habituent leurs serpents les plus venimeux, les vipères les plus dangereuses à se plier autour de leur cou et de leurs bras sans les mordre. Ils font plus : ils les dressent à faire le mort, ou bien à *se tenir debout sur les derniers anneaux de leur queue* et, dans cette position, à remuer le corps en cadence, à lever et à baisser la tête selon la mesure de la musique et à *simuler ainsi une espèce de danse.* » Cela tient-il de près ou de loin au pouvoir magique? Le comte de Laborde serait tenté de répondre : oui ; mais ce n'est là qu'une impression tenant à l'impossibilité de formuler une explication naturelle du phénomène.

« *Ce que j'en ai vu m'a semblé aussi mystérieux* que les explications qui m'ont été données m'ont paru insuffisantes et mensongères. » Il est, en effet, impossible de trouver une explication convenable des pratiques par lesquelles ces bêtes malfaisantes deviennent dociles. Comment l'esprit humain domine-t-il l'esprit du serpent? Est-ce par quelque chose d'analogue à la suggestion mentale? Bien ! mais quelle est cette analogie ?

« Mes réflexions n'ont fait depuis ce temps qu'augmenter la conviction que j'ai acquise dès lors, que *la force morale, l'autorité sympathique du regard,* une sorte de puissance magnétique qu'il est inutile de chercher à expliquer étaient au pouvoir de certaines gens comme un don de nature... » Après avoir invoqué à l'appui de ses considérations le témoignage de Pline (*Histoire naturelle*, livre VII, chapitre II), le comte Léon de Laborde complète ainsi son opinion sur la force morale et sur la puissance magnétique sus-mentionnée : « ... et qu'*exploitées avec adresse* elles donnent lieu à ces résultats extraordinaires. »

Voici les dernières remarques formulées dans les *Recherches sur la Magie Egyptienne*. « *Les invocations, les herbes, les gestes*, toute cette fantasmagorie d'emprunt n'est que le costume dont s'affublent ces enchanteurs, costume qu'on peut acheter, bien que je ne conseille à personne de s'y fier entièrement, S'IL NE SE SENT INTÉRIEUREMENT ce pouvoir de domination qui seul peut suspendre les instincts de ces animaux et préserver de leurs morsures dangereuses. »

Nous voici au bout de l'opuscule du comte de Laborde. Cet opuscule est un des documents fondamentaux sur la Magie pendant la première moitié du dix-neuvième siècle. Le lecteur a pu juger par lui-même la portée de ce document. A notre avis, ce document est probant, aussi probant que peut l'être le dire d'un jeune homme n'ayant pas l'habitude des méthodes scientifiques. Le comte de Laborde termine son opuscule en citant deux pages des *Mémoires de Saint-Simon* (volume V, chapitre XVIII), relatives à une évocation produite en présence du duc d'Orléans, le futur régent. Cette évocation visait la scène de la mort du roi Louis XIV qui devait se produire une dizaine d'années plus tard. On ne saurait attacher grande importance à ces pages. Le comte de Laborde y voit une exportation en France des secrets de la Magic Egyptienne. Cela est assez admissible.

Si l'on ouvre le Dictionnaire de Larousse pour y trouver quelques indications sur les personnages dont parle le comte de Laborde dans son opuscule, on constate que ni lord Prudhoe ni l'auteur des *Mœurs des Egyptiens*, M. William Lane, ne figurent dans le Grand Dictionnaire. En revanche, l'on y trouve la notice suivante sur M. Pavie, le contradicteur du comte de Laborde :

« PAVIE (*Théodore-Marie*), orientaliste

français, né à Angers en 1811. Tout jeune encore, il visita les Etats-Unis, l'Amérique méridionale, diverses contrées de l'Extrême-Orient et apprit le chinois, le sanscrit et autres idiomes asiatiques. De retour en France, il se fit connaître par la publication de plusieurs ouvrages et de nombreux articles insérés dans la *Revue des Deux-Mondes*, dans le *Journal asiatique*, dans le Bulletin de la Société de Géographie, etc. De 1852 à 1857, M. Théodore Pavie a professé la langue et la littérature sanscrites au Collège de France. Nous citerons de lui : Voyage aux Etats-Unis et au Canada 1823-1833, 2 volumes in-8°. »

Suit l'énumération de dix autres ouvrages ; elle ne nous intéresse pas. Le correspondant de lord Prudhoe, le Murray dont parle le comte de Laborde, a une large place dans le Dictionnaire de Larousse ; voici quelques détails sur ce personnage auquel lord Prudhoe confirma par lettre l'exactitude des dires du comte de Laborde :

« MURRAY (*John*), célèbre éditeur anglais, né à Londres en 1788, mort en 1843. Il conçut le plan de la *Quarterly Review*, destinée à défendre les idées des tories et à contrebalancer l'influence de la *Revue d'Edimbourg*, organe du parti whig, fit entrer dans son entreprise Walter Scott, Canning, Barrow, Ellis Heber, etc., et fit paraître sa revue sous la direction de l'habile critique Gifford le 1er février 1809. Cette publication, qui obtint un succès énorme, fit gagner des sommes considérables à Murray. L'habile libraire-éditeur put alors étendre considérablement ses affaires. La librairie qu'il établit dans *Albermale Street* en 1812, devint le rendez-vous des hommes les plus distingués du temps dont il savait se faire des amis par son tact, sa loyauté, ses procédés délicats. C'est ainsi qu'il fut intimement lié avec Walter Scott, Campbell, Southey, Washington Irving, Byron, etc., dont il publia les ouvrages. Lord Byron, qui l'avait surnommé le roi des éditeurs, eut constamment à se louer de la libéralité de Murray et eut avec lui une longue et amicale correspondance. »

Le document publié par M. de Laborde sur la Magie égyptienne présente un avantage marqué sur la plupart des documents du même genre. Le narrateur ne raconte rien de merveilleux, rien de bizarre, rien d'extraordinaire, en dehors du curieux phénomène d'évocation accompli par l'intermédiaire d'un enfant, par le moyen d'un simple dessin cabalistique, avec l'appareil d'une facile incantation et la combustion fort naturelle de trois parfums.

Le narrateur ne parait pas *emballé* (que l'on excuse la vulgarité du terme !) par le spectacle qu'il a eu sous les yeux : le narrateur semble, au contraire, avoir éprouvé plus de défiance dans la continuité de ses pouvoirs extraordinaires que de confiance en ses aptitudes. Si l'on était exigeant, on serait tenté de demander au narrateur pour quelle raison ses opérations d'évocation se sont bornées à celles que rapporte son récit : nous avons déjà exprimé ce *desideratum*.

En 1841, le comte de Laborde aurait pu réaliser de nouveau ces singuliers phénomènes sous les yeux, cette fois, de son téméraire contradicteur M. Pavie, et en présence des têtes les plus augustes de la docte *Revue des Deux-Mondes* ; quel eût été son triomphe ! La publication de sa curieuse brochure eût été superflue ; rien de plus éloquent que le fait lui-même !

N'ayant pas connu personnellement M.

Léon de Laborde, je ne peux deviner les motifs de son renoncement aux pratiques magiques que lui avaient apprises le sorcier Achmed. Cependant il est permis de conjecturer que la cessation de ces pratiques singulières et merveilleuses par leurs effets devait avoir une cause. Cette cause, M. de Laborde l'a tue. Par conséquent, il manque quelque chose d'essentiel au récit de 1833 dans la *Revue des Deux-Mondes* ainsi qu'à la brochure de 1841, tirée seulement à vingt-cinq exemplaires, comme si l'auteur eût appréhendé un excès de publicité.

Je ne veux rien écrire qui semble trop sévère à l'endroit de l'auteur des *Recherches sur la Magie Egyptienne*. Cependant pourquoi le narrateur raconte-t-il élégamment, clairement, avec détails, son entrée dans les phénomènes de la magie, son initiation? Pourquoi omet-il purement et simplement tous les détails sur son renoncement aux phénomènes de la magie, sur la retraite qu'il opéra, après avoir atteint rapidement une renommée très brillante dans l'exercice de son pouvoir magique? J'ai interrogé sur ce silence de l'auteur un certain nombre de personnes ayant appartenu à l'intimité du comte Léon de Laborde, aucune n'a pu fournir de réponse satisfaisante. Particularité curieuse ! Ces personnes avaient lu les *Recherches sur la Magie Egytienne*, elles n'avaient jamais songé à poser à M. de Laborde la question qui leur était adressée par celui qui trace ces lignes. Et pourtant il faut supposer une cause grave au renoncement de M. de Laborde à la Magie : il faut admettre aussi un motif sérieux au silence gardé sur cette cause par M. de Laborde. Cette cause, je ne fais qu'indiquer son existence, je compte découvrir plus tard quelle elle était, autant du moins qu'il est permis de démêler avec certitude des faits appartenant à la vie privée du comte de Laborde sur lesquels il a été gardé un silence volontaire par celui qui seul en avait la connaissance complète.

INDEX

A
Achmed, 280, 315, 318
Aksakof, 233
Allan Kardec, 6, 13

B
Babinski, 85
Bablin, 235
Beissac, 235
Bellier, 300
Bernheim, 85
Bibost, 160
Bizouard (Joseph), 242
Blackburn (Charles), 218
Bodin, 241
Brandlaug, 228
Butet, 44

C
Catherine, 135, 143
Charcot, 85
Chauvin (Tony), 30, 34
Chevalon, 150
Cook (miss), 200, 213
Cradoch, 296
Crookes, 195, 243

D
Dale Owen, 232
Donald Mac-Nab, 13

E
Edland, 233
Edmonds, 232
Eglinton, 224
Encausse (v. Papus).
Epes Sargent, 232

F
Felix (major), 294
Fichte, 233

G
Gibert, 116
Gibier (Paul), 59, 80, 92, 137, 168
Giers (de), 238
Granger, 146
Guillemin, 188
Gully, 233
Gurney, 264

H
Hallays (André), 82
Hammond, 118
Harley, 233
Harry Alis, 84
Hellenbach, 233
Hérard (docteur), 256
Hoffmann, 247

I
Ibrahim, 313

J
Jacob, 49
Janet, 116

K

Katie King, 199, 210, 227

L

Laborde (Léon de), 279, 315, 323, 332
Lancre (de), 241
Lane (William), 307, 318, 322
Langalerie (de), 121
Lexton, 232
Louveau (docteur), 22
Luys (docteur), 9, 20, 36, 50, 56

M

Marillier, 116
Maximin, 174, 185, 260
Méric (abbé), 86, 100
Mesmer, 49
Morgan (Auguste de), 233
Monnin (Alfred), 121, 134, 144, 170
Msarra, 311
Murray, 319, 329
Myers, 116, 264

N

Nasau, 233
Nowitt, 233

O

Ochorowicz, 101, 116, 268

P

Papus, 1, 16, 29, 33, 47, 54
Paracelse, 6
Patinot, 82
Pavie, 322, 328, 331
Pelletier, 11

Perrenot (docteur), 55
Pline, 327
Podmore, 264
Prudhoe (lord), 285, 311, 319
Puységur, 49

R

Rambaud (Yveling), 221, 234
Raymond, 174
Reichenbach, 103
Rel (du), 233
Remi, 241
Renard, 160
Richet (Charles), 101, 262
Richter (général), 237

S

Sardou (Victorien), 222
Shakespeare, 295
Slade, 83

T

Tissot, 223, 227, 244
Toccanier (abbé), 185, 190
Tornebon, 233

V

Van Helmont, 6
Verchère (André), 126
Vianney (abbé), 121, 129, 169, 176, 258

W

Wallace (Richard), 232
Wyse, 227

Z

Zœlnner, 219

Bourges — Imp. H. Sire.

Documents manquants (pages, cahiers...)
NF Z 43-120-13

www.ingramcontent.com/pod-product-compliance
Lightning Source LLC
Chambersburg PA
CBHW050800170426
43202CB00013B/2508